イラストでパッと見てわかる！

基礎からレッスン

オールカラー

CD
付き

はじめての
インドネシア語

欧米・アジア語学センター　深尾康夫　ディアー・ハフサリ／著

JN111852

ナツメ社

　ふとしたきっかけで私がインドネシア語を学び始めたのは、今から40年ぐらい前でした。その頃の日本では、現在のように多くの人が普通に海外旅行へ行くわけではなく、海外に対する経験や知識も、インターネットが普及し瞬時に地球の裏側から情報が得られるような今日と比べ、かなり限られていました。

　その後まもなく、筆者が学生として初めてインドネシアを訪れ1か月半の間自由に旅行しましたが、そのとき一生の思い出となるインドネシア人の温かい心や大らかさに触れました。物質的には貧しいかもしれませんが、精神的には豊かでゆとりを感じさせる人々でした。

　それから長い月日が流れ、インドネシアが目覚ましい経済発展を遂げた結果、両国関係も変化してきました。人の流れだけを見ても以前は日本からインドネシアへでしたが、現在ではビザ免除措置に伴いインバウンドの旅行客が大量にインドネシアから日本に訪れる

ようになり、都心や国内主要観光地でその姿をよく見かけます。インドネシア語は、経済、政治、文化各分野での2国間交流のみならず、観光分野においても必要な言語になりつつあります。そのようなインドネシア語をいかにして身につけるか、使えるようになるか、それへの答えの1つが本書です。

　本書はインドネシア語文法をすべてカバーする解説書ではなく、様々な会話パターンを紹介する会話テキストでもありませんが、はじめてインドネシア語を学んでみようという人に対して、大まかに文法の重要ポイントを紹介、その後個人旅行というわかりやすい設定に沿い、必要不可欠な会話フレーズを自然に理解し、使えるように工夫してあります。どうかこのテキストを手にインドネシアの人たちとの会話を楽しんでください。

　Selamat belajar！（どうか、勉強がはかどりますように！）

深尾康夫　ディアー・ハフサリ

本書の使い方

本書は、初級インドネシア語を4つのステップに分けて、文法やフレーズを学べるようにしてあります。

実際の発音については、付属のCDを聞きながら学んでいきましょう。

ステップ1

まずはここから！　インドネシア語の基本

インドネシア語の文法の基本について解説しています。

発音は、CDを聞いて確認してください。

ステップ2

そのまま覚えればOK！　あいさつのことば

よく使うあいさつを、シチュエーション別にして紹介してあります。

ステップ 3

覚えておきたい！ 基本のフレーズ

基本フレーズの構造と文法について解説しています。

基本フレーズを使った会話例を紹介してあります。

ステップ 4

旅行もビジネスもバッチリ！ 場面別定番フレーズ

イラストを見ながら、語彙や場面別のフレーズを覚えましょう。

シチュエーション別に、使えるフレーズをあげてあります。

CD マークとトラックナンバーです。CD の再生したい箇所の番号を選んで、発音の練習をしましょう。

も く じ

ステップ 1 まずはここから！ インドネシア語の基本

ステップ 2 そのまま覚えればOK！ あいさつのことば

3 覚えておきたい！ 基本のフレーズ

●イラスト　　　　　たむらかずみ
●録　　音　　　　　一般財団法人　英語教育協議会ELEC（エレック）
●ナレーター　　　　ディアー・ハフサリ
　　　　　　　　　　アグスタ・ドゥイ・ラウリコ・リズワン
　　　　　　　　　　水月優希
●編集協力・DTP　オフィスミィ
●編集担当　　　　　山路和彦（ナツメ出版企画株式会社）

まずはここから！
インドネシア語の基本

インドネシア語の特徴

この言語は、どこで生まれ、どのように使われているのでしょう？

インドネシア語は
どんな言語ですか？

もともと「ムラユ語」
Bahasa Melayu という、
交易に用いられていた
言語です。

インドネシア語は、もともと「ムラユ語」Bahasa Melayu（英語読みでマレー語 Malay）というスマトラ島とマレー半島に挟まれたマラッカ海峡一帯で生まれ、交易に用いられていた言語です。その後、欧米諸国進出前の15世紀頃から東南アジア海域部において広く使われていました。

インドネシア語は多民族間の共通言語

第2次世界大戦後この言語は、独立したインドネシアでインドネシア語、マレーシアではマレーシア語、シンガポール、ブルネイなどではムラユ語として知られ、国語として使われてきました。また2002年に独立した東ティモールでも、インドネシア統治期を経たことからインドネシア語が実用語として使われています。

インドネシアは、ヨーロッパに匹敵する広大な領域に1万7千以上の島々から散らばる人口約2億7千万人の大国です。インドネシアではジャワ島中部、東部に暮らすジャワ人（総人口の約4割）が用いるジャワ語をはじめ350種類以上の地方語があります。このように多様な社会においてインドネシア語は、民族間の共通言語であると同時に、法律や政府の行政用語、メディアが公に発信する言語であり、義務教育就学率（小中学校で約9割、2018年）が高まった現在、国内のどこへいっても意思疎通を可能とさせることばです。

文字はアルファベット、発音はほぼローマ字読み、文法構造はシンプルですので日本人にとっては比較的修得しやすい言語と言われています。

文字・アルファベット

文字の基本である、アルファベットを覚えましょう。

インドネシア語のアルファベットは何文字ありますか？

英語と同じで26文字あります。

文章の始まり、固有名詞および一部2人称代名詞については、最初の文字に大文字が用いられます。基本的な発音は次のとおりですが、詳しくは第3課で見ていきます。

A a	アー	**H h**	ハー	**O o**	オー	**V v**	フェー
B b	ベー	**I i**	イー	**P p**	ペー	**W w**	ウエー
C c	チェー	**J j**	ジェー	**Q q**	キー	**X x**	エクス
D d	デー	**K k**	カー	**R r**	エル	**Y y**	イエー
E e	エー	**L l**	エる	**S s**	エス	**Z z**	ゼッ（ト）
F f	エフ	**M m**	エム	**T t**	テー		
G g	ゲ	**N n**	エヌ	**U u**	ウー		

13

母音と二重母音

母音、二重母音などを発音する際のポイントです。

発音はローマ字読みすれば、いいのですか？

はい、そうです。ただし、少し注意して発音しないといけないものがあります。

❀ 母　音

母音は、日本語より1つ多い6つあります。発音は、日本語より多い1つを除きローマ字読みです。

a	アー	i	イー	u	ウー
é	エー	e	曖昧音のウ	o	オー

ポイント

❶uは、少し口先を尖らせます。

utara	ウタラ	北	cuti	チュティ	休む
minum	ミヌム	飲む			

❷eは日本語の[エ]と同じ発音、

e［曖昧音のウ］は［エ］という唇の形で［ウ］と発音します。

　実際にインドネシア語では、eを［エ］と読むか［曖昧音のウ］と読むのかは表記上区別されていません。加えてどう読むのかについては個人差もあります。

　しかしそれでは、はじめて学習する人にとっては混乱のもとです。本書では便宜上、e［曖昧音のウ］とé［エ］の音を区別するために、次のように表記しています。

- é［エ］：eの上に「´」を付けてéと表記
- e［曖昧音のウ］：そのままeで表記

　まずはこれに沿って覚えていくようにしましょう。実際の会話では、このとおりではない発音も耳にしますが、驚かないように慣れていくことが重要です。

soré	ソレ	夕方	**sepéda**	スペダ	自転車
enam	ウナム	6	**beri**	ブリ	与える

 ## 二重母音

　二重母音については、下記の2つが要注意です。

ai	アイ、エイ	**au**	アウ、オウ

ポイント

❶ai［アイ］、au［アウ］

日常会話では速くなると［エイ］［オウ］にもなります。

ramai	ラマイ／ラメイ	にぎやかな	**bagaimana**	バガイマナ／バゲイマナ	どのように
saudara	サウダラ／ソウダラ	兄弟姉妹	**pisau**	ピサウ／ピソウ	ナイフ

❷表記上は二重母音でも、2つの母音を区切って発音します。

air	アイル	水	**baik**	バイク	良い
mau	マウ	～したい、欲しい			

子音とアクセント

子音、二重子音などを発音する際のポイントです。

子音の発音で注意することはありますか？

子音も、ほとんどローマ字読みでいいのですが、注意点がいくつかあります。

 ## 子 音

子音もほぼローマ字読みですが、いくつか注意しなければならないことがあります。

1 b～j

b	ベー	c	チェー、セー	d	デー	f	エフ
g	ゲー	h	ハー	j	ジェー		

ポイント

b	バ行：bが語末にきたり、語中で母音を伴わない場合、明確に発音せず聞き手には詰まった音として聞こえます。これを促音と呼びます。 ＊本書では、その子音が促音であることを示すため便宜上読み方に（　）をつけて表記しています。				
bodoh	ボド	馬鹿な	**Sabtu**	サッ(ブ)トゥ	土曜
sebab	スバッ(ブ)	理由			
c	チャ行：外来語由来の略語では、「セー」と発音することがよくあります。				
cahaya	チャハヤ	光	**kecéwa**	クチェワ	落胆する

AC	アセー	冷房			
d	ダ行：母音を伴わない場合dは促音になります。				
dan	ダン	そして	**dengan**	ドゥガン	～と
murid	ムリッ（ド）	生徒			
g	ガ行：母音を伴わない場合gは促音になります。				
gigi	ギギ	歯	**gudeg**	グドゥッ（グ）	ジャックフルーツの料理
h	ハ行：hが語中にありその後に母音が無かったり、異なる母音に挟まれたり、あるいは語末にくる場合では、発音しないこともあります。				
hutan	フタン	森	**masih**	マシ	まだ〜している
pahit	パヒッ（ト）/パイッ（ト）	苦い			

❷ k～r

k	カー	**l**	エる	**m**	エム	**n**	エん
p	ペー	**q**	キー	**r**	エル		

ポイント

k	カ行：母音を伴わない場合kは促音になります。				
kotor	コトル	汚い	**kuno**	クノ	古い
masak	マサッ（ク）	料理する			
l	ラ行：舌先を上歯茎の裏側に付けて発音します。 ＊本書では、rと区別するため便宜上「ら行」（ひらがな）で表記しています。				
bola	ボら	ボール	**lari**	らリ	走る
m	マ行 ＊mが母音を伴わず語頭や語中にある場合、便宜上カタカナ表記の「ン」にしてあります。				

makan	マカン	食べる	sampah	サンパ	ゴミ
rumah	ルマ	家			
n	ナ行：語末にくる場合は発音しません。本書では「ン」と表記し、二重子音でふれるng「ん」と区別します。				
nama	ナマ	名前	kanan	カナン	右
p	パ行：母音を伴わない場合pは促音になります。				
paku	パク	釘	putih	プティ	白い
tutup	トゥトゥッ(ブ)		閉まる		
q	カ行：発音はkと同様。qを用いた単語は、一部固有名詞以外はほとんど見られません。				
Qur'an	クゥルアン	コーラン			
r	ラ行：舌先を振るわせる巻き舌を使った発音です。 *本書ではlと区別するため、rは「ラ行（カタカナ）」で表記しています。				
roda	ロダ	車輪	ras	ラス	人種

3 s〜z

s	エス	t	テー	v	フェ	w	ウェー
x	エクス	y	イェー	z	ゼッ(ト)		

ポイント

t	タ行：母音を伴わない場合tは促音になります。				
tiru	ティル	真似る	tolong	トろん	助ける
macét	マチェッ(ト)	渋滞する			
v	ファ行：fと同じ発音				
visa	フィサ	査証	vidéo	フィデオ	ビデオ
x	サ行：sと同じ発音。一部外来語を除くとxはeksと表記されるので、ほとんど見られません。				

二重子音の 4 つの注意点

二重子音については、下記の 4 つの音に注意しましょう。

kh	ハ行	ng	鼻から出す「ン」	ny	ニャ行	sy	シャ行

ポイント

kh	ハ行：息を吐き出しながら発音しますが、最近は息を吐き出す程度が弱まり「カ行」を強く発音するようになっています。ただし、akhir［アヒル］は、「ハ行」が強く発音されています。				
khusus	クスス	特別な	**khawatir**	カワティル	心配する
akhir	アヒル	終わり			
ng	鼻から出す「ン」の音：舌先をどこへも付けずに、鼻から「ン」と出します。ngの後に母音がなかったり、語末にくる場合、子音nと区別するため本書では「ん」と表記しています。反対にngの後に母音が来る場合、鼻にかかる鼻濁音「ガ行」になります。				
siang	シアん	昼	**bangun**	バグン	起きる
mengapa	ムガパ	なぜ	**bulu tangkis**	ぶる タんキス	バドミントン
ny	ニャ行				
nyanyi	ニャニ	歌う	**nyonya**	ニョニャ	奥様、夫人
nyaman	ニャマン	快適な			
sy	シャ行				
syukur	シュクル	感謝	**musyawarah**	ムシャワラ	協議

アクセント

インドネシア語は、アクセントの位置によって意味が変わることはありません。ですからあまり気にせず話すことができます。ただ、単語の後ろから2番目の音節にアクセントをおくと、比較的きれいに発音できます。

ma ha sis wa	マハ シス ワ	大学生
syu kur	シュ クル	感謝

基本文型

基本的な文型は、〈主語＋述語〉または〈主語＋動詞＋目的語〉です。

> 文型は英語と似ているんですね。

> ええ、でも be 動詞はありません。

🌸 基本文型〈主語＋述語〉

　基本の文型は〈主語＋述語〉ですが、英語のような be 動詞はありません。また述語部分に動詞が入ると、〈主語＋動詞＋目的語〉になります。ただし、目的語を取らない自動詞の場合は、その限りではありません。

　下記の **例1** の主語は指示代名詞 ini「これ」、述語は名詞 radio「ラジオ」です。一方 **例2** の主語は指示代名詞 itu「それ、あれ」、述語は形容詞 baru「新しい」です。

主語（指示代名詞）	＋	述語（名詞）

イニ　ラディオ
例1 Ini radio. これは、ラジオです。

主語（指示代名詞）	＋	述語（形容詞）

イトゥ　バル
例2 Itu baru. あれは、新しいです。

動詞を含む場合の文型

動詞を含む場合は、次の例文のようになります。

名詞の後に指示代名詞がくると、名詞を後ろから修飾する形となり「それ、あれ」「これ」が「その、あの」「この」になります。同様に、修飾関係が英語や日本語と異なる点については第6課で説明します。

主語（人称代名詞）	＋	動詞	＋	前置詞＋名詞＋指示代名詞

ムレカ　　クンプる　　ディ　スコら　　イニ
例3 **Meréka kumpul di sekolah ini.**

彼女たちは、この学校に 集まります。

主語（人称代名詞）	＋	動詞	＋	目的語（名詞＋形容詞＋指示代名詞）

サヤ　　ムりハッ(ト)　　ラディオ　　バる　イトゥ
例4 **Saya melihat radio baru itu.**

私は、あの新しいラジオを 見ます。

ミニテスト

練習1 次の日本語を、インドネシア語にしましょう。

①それ／あれは汚いです。

②これは自転車です。

③あの家は新しいです。

練習2 次の単語を並び替えて、〈主語＋動詞＋目的語〉という形の文にしましょう。

①makan, meréka, kué ini　　　　　　　　　　　　　　　　　　*kué　菓子

（　　　　　　　　　）（　　　　　　　　　　　）（　　　　　　　　　）

②nasi goréng, beli, dia　　　　　　　　　　　　　*nasi goréng　ナシゴれん

（　　　　　　　　　）（　　　　　　　　　　　）（　　　　　　　　　）

解答
練習1　①Itu kotor.　　②Ini sepéda.　　③Rumah itu baru.
練習2　①Meréka makan kué ini.
　　　　　彼女たちはこのお菓子を食べます。
　　　②Dia beli nasi goréng.
　　　　　彼はナシゴレンを買います。

修飾語と被修飾語の関係

インドネシア語では修飾語と被修飾語の関係は英語や日本語と違います。

修飾関係はどうなっ
ているんですか？

指示代名詞や形容詞が
後ろから名詞を修飾し
ます

 修飾関係の逆転と格変化の欠如

修飾語と被修飾語の関係は、英語や日本語と異なり逆転しています。このため名詞の後に指示代名詞がある場合、指示代名詞が後ろから名詞を修飾しています。

名詞と形容詞の場合も同様で、形容詞が名詞を修飾します。なお形容詞と指示代名詞が同時に名詞を修飾するとき、指示代名詞はいちばん最後になります。次の 例5 と 例6 を見てみましょう。

主語（名詞＋指示代名詞）	＋	述語（名詞＋形容詞）

例5 **Radio ini radio baru.**
　　ラディオ　イニ　ラディオ　バル
このラジオは 新しいラジオです。

主語（人称代名詞）	＋	動詞	＋	目的語（名詞＋形容詞＋指示代名詞）

例6 **Dia membaca kamus baru ini.**
　　ディア　ムンバチャ　カムス　バル　イニ
彼は この新しい辞書を 読みます。

ただし数量が関係してくると修飾関係は変わります。例7 を見てください。

| 主語（人称代名詞） | ＋ | 動詞 | ＋ | 目的語
（[数詞＋助数詞]＋名詞＋人称代名詞） |

例7 **Anda minum tiga gelas kopi saya.**
アンダ　ミヌム　ティガ　グラス　コピ　サヤ
あなたは 3杯の私のコーヒーを 飲みます。

ここでは、目的語 tiga gelas kopi saya「3杯の私のコーヒー」を見ると、語順が、数量を表現する部分については日本語と同じであることがわかります。つまり kopi saya「私のコーヒー」を、数詞 tiga（3）と助数詞 gelas（杯）が前から修飾しています。数字と助数詞はふろくの「基本的な数字」「基本的な助数詞」（→p.212-214）を参照してください。

人称は置かれる位置で意味が変わる

上記の 例7 で注目してほしい事柄がもう一つあります。この人称代名詞 saya は、例4 の saya「私は」と同じですが、例7 の日本語訳では「私の」と意味に違いがあります。実はインドネシア語には英語のような格変化がなく、その代わり構文上、人称がどの位置に置かれるかによって意味が変わるという特徴があります。主語の位置なら「私は」、名詞の後なら「私の」、目的語の位置なら 例8 「私を」になるのです。

例4 **Saya melihat radio baru itu.**
サヤ　ムリハッ(ト)　ラディオ　バル　イトゥ
私は あの新しいラジオを 見ます。

| 主語（名詞） | ＋ | 動詞 | ＋ | 目的語（人称代名詞） |

例8 **Déwi panggil saya.**
デウイ　パンギる　サヤ
デウイは 私を 呼びます。

ミニテスト

次の各文を日本語に訳してみましょう。

①Saya minum kopi Anda.

②Tiga orang teman saya melihat dia.
＊orang「〜人」／ teman「友だち」

解答 ①私は、あなたのコーヒーを飲みます。
②3人の私の友だちは、彼を見ています。

時制の欠如と助動詞・副詞の活用

インドネシア語は時制によって動詞が変化しません。

過去、現在、未来は
どうやって表現する
んですか？

時制はありませんが、
そこをカバーするため
助動詞や副詞を上手に
使います。

 助動詞・副詞を用いて時制を表す

インドネシア語は時制によって動詞は変わりません。**例9** を和訳すると、文法的には現在形、現在進行形、過去形、未来形すべてが該当します。その場合、会話の内容を理解していないと時制が不明瞭になります。そこで助動詞や副詞を用いて過去、現在、未来の時制を明確にします。

例えば同じ文でも、助動詞akan を使えば未来を表すことができ（**例10**）、副詞kemarin が入ると過去を表すことができます（**例11**）。助動詞の位置は、主語と動詞の間、副詞は文頭、文末、主語の後におかれます。

主語（人称代名詞）	+	動詞	+	前置詞	+	名詞

例9 **Dia berenang di kolam.**
ディア　　ブルナン　　ディ　コラム

彼は プール で 泳ぎます（現在形）。
泳いでいます（現在進行形）／泳ぐつもりです（未来形）／泳ぎました（過去形）。

| 主語（人称代名詞） | + | 助動詞 | + | 動詞 | + | 前置詞 | + | 名詞 |

ムレカ　　アカン　　　ブルナン　　ディ　コラム
例10 Meréka akan berenang di kolam.
彼らは プール で 泳ぐ つもりです。（未来形）

| 副詞 | + | 主語（名詞） | + | 動詞 | + | 前置詞 | + | 名詞 |

クマリン　アナツ（ク）アナツ（ク）　ブルナン　ディ　コラム
例11 Kemarin anak-anak berenang di kolam.
昨日 子どもたちは プール で 泳ぎました。（過去形）

　例文で紹介している助動詞以外では、現在進行形のsedang、lagi「～している」、過去形のsudah、telah「すでに～した」などがあります。また、時制を表す際に使える副詞については、ふろく「過去・現在・未来に関するさまざまな表現」（→p.208-209）を参照してください。

　例11 をみると、名詞anak「子ども」を－（ハイフン）でつなげて anak-anak とすることで「子どもたち」となります。

　このように名詞を重複させることで、複数形を表すことができます。

ミニテスト

次の日本語をインドネシア語に直しましょう。副詞はふろくの「過去・現在・未来に関するさまざまな表現」（→p.208-209）から探してください。

①子どもたちはプールで水泳中です。

_____

②彼はプールで泳ぎました。

_____

③明日私はプールで泳ぐつもりです。

_____

解答　① Anak-anak sedang berenang di kolam.
　　② Dia sudah/telah berenang di kolam.
　　③ Bésok saya berenang di kolam.

敬語と人称代名詞

インドネシア語には日本語の敬語はありません。

インドネシア語には
敬語がないそうです
が、本当ですか？

はい、敬語はありま
せん。その代わりに2
人称代名詞「あなた」
を使い分けています。

 インドネシア語に敬語表現はない

　日本語には敬語があります。例えば「食べる」の場合、丁寧語は「食べます」、謙譲語は「いただきます」、尊敬語は「召し上がる」と変化します。

　インドネシア語にはこうした敬語表現はないため、どれもmakan「食べる」で表します。しかし、これでは相手への敬意や本人の謙虚さを十分示すことができません。

　そこで2人称「あなた」を上手に使い分けることにより、微妙なニュアンスを表現しています。

　例えば、だれに対しても使えるAnda「あなた」ではなく、目上の女性に対しては、Ibuを用いることで丁寧さが変わってきます。

例12 **Anda makan roti.**
アンダ　　マカン　　ロティ
あなた　　食べる　　パン

あなたはパンを食べます。（丁寧語）

例13 **Ibu makan roti.**
イブ　　マカン　　ロティ
あなた　　食べる　　パン

あなたはパンを召し上がります。（謙譲語）

人称代名詞

　では人称代名詞を見てみましょう。1人称と3人称については、下表の通りです。ただし、複数形の「私たち」には2種類あります。

　基本的には会話をする双方を含むkitaでよいのですが、自分たちの側だけを意味し、明確に相手側と区別して言うときはkamiを用います。例えばあなたが他社を訪問した場合、あなたが1人でも社名を背負って話をするわけですからkamiにしなければなりません。

　また3人称には、日本語や英語と違い性別がないので話の内容や前後関係で男性か女性かを判断していきます。

[人称代名詞]

	単数形	複数形
1人称	**saya** 私（サヤ） **aku** ぼく、おれ、あたし（アク） ＊akuは親しい間柄、同格や目下の相手に対して使用	**kita / kami**（キタ / カミ） 私たち、僕たち、 あたしたち、おれたち ＊kitaは、自分側と相手側を含む包括的な「私たち」 ＊kamiは、自分側だけを指す「私たち」
3人称	**dia / ia / beliau**（ディア / イア / ブリオウ） 彼、彼女 ＊beliauは、丁寧な3人称「あの方」	**meréka** 彼ら、彼女たち（ムレカ）

　次に、2人称代名詞について見てみましょう。

［人称代名詞（2人称）］

	単数形		複数形	
男性	**Bapak（Pak）** バパッ（ク） バッ（ク） 既婚者、または独身でも約30歳以上の男性	あなた	**Bapak-bapak** バパッ（ク） バパッ（ク）	あなたたち
	Mas / Abang（Bang） マス アバん バん 20歳代独身男性	あなた	**Mas-mas / Abang-abang** マス マス アバん アバん	あなたたち
	Saudara サウダラ ［ソウダラ］ともいう。年齢や地位が同格、または目下の男性	君	**Saudara-saudara** サウダラ サウダラ	君たち
	Tuan / Mister トゥアン ミストゥル 外国人男性	あなた	**Tuan-tuan / Mister-mister** トゥアン トゥアン ミストゥル ミストゥル	あなたたち
女性	**Ibu（Bu）** イブ ブ 既婚者、または独身でも約30歳以上の女性	あなた	**Ibu-ibu** イブ イブ	あなたたち
	Mbak ンバッ（ク） 20歳代独身女性	あなた	**Mbak-mbak** ンバッ（ク） ンバッ（ク）	あなたたち
	Saudari サウダリ ［ソウダリ］ともいう。年齢や地位が同格、または目下の女性	あなた	**Saudari-saudari** サウダリ サウダリ	あなたたち
	Nyonya ニョニャ 外国人女性	あなた	**Nyonya-nyonya** ニョニャ ニョニャ	あなたたち
共通	**Anda** アンダ 年齢、性別、地位、婚姻の有無など関係なく使用	あなた	**Anda sekalian / Anda-Anda** アンダ スカリアン アンダ アンダ	あなたたち
	Kakak（Kak） カカッ（ク） カッ（ク） 20歳代独身男女	あなた	**Kakak-kakak** カカッ（ク） カッ（ク）	あなたたち
	kamu / engkau（kau） カム ウんカウ カウ 年齢や地位が同格、または目下の相手や親しい間柄で使用（男女共通）	君、お前、あんた	**kalian / Saudara-saudari** カリアン サウダラ サウダリ	君たち、お前たち、あんたたち
	Adik（Dik） アディッ（ク） ディッ（ク） 中高生以下の男女	君、お前	**Adik-adik** アディッ（ク） アディッ（ク）	君たち、お前たち

「あなた」（2人称代名詞）は、性別、年齢、独身か既婚か、地位、出身地域などによって変わります。それがよくわからないときは、だれに対しても使える

Andaを用います。その後は、状況に応じて人称代名詞を使い分けましょう。

例えば、見た目が30歳代以上あるいは既婚男性ならBapak、女性ならIbu、20歳代独身の男女ならKakakなど、丁寧な「あなた」を使います。

複数形はAnda sekalianを除き単数を重ねて言います。本書でよく使うのはAnda、Bapak、Ibu、Kakak、Mas、Mbak、kamu及びその複数形です。なおAnda、kamu、engkauを除く人称代名詞単数形の後に名前を置くと敬称になります。例えばBapak Feriは「フェリさん」、Ibu Aminahは「アミナさん」です。

●名詞としても使われる2人称代名詞

2人称代名詞は、Anda、kamu/engkauを除き名詞としても使われます。その場合文頭に置かれない限り、文章では語頭が小文字表記になります。例えばbapak「父」、ibu「母」、mas「兄」、mbak「姉」、kakak「兄姉」、saudara「兄弟姉妹及び親戚」、adik「弟妹」、tuan「主人」、nyonya「夫人」、saudari「姉妹」が該当します。

反対に2人称代名詞として使う場合は、Andaを含め名詞と区別するため文頭か否かに関係なく語頭を大文字表記にします。

ミニテスト

指示に従って、2人称代名詞を（　）に入れて文を完成させましょう。

①50歳代男性に対する「あなた」

（　　　　　　　　　　） makan roti.　あなたはパンを食べます。

②20歳代独身女性に対する「あなた」

（　　　　　　　　　　） menonton TV.　あなたはテレビを見ます。

③年齢性別地位に関係なく使える「あなた方」

（　　　　　　　　　　） minum kopi.　あなた方はコーヒーを飲みます。

④（30 〜 40歳代）に対する「あなた」

（　　　　　　　　　　） panggil saya.

あなたは私を呼びます。（会社で上司にあたる女性）

⑤中高生以下の子どもたちに使う「君たち」

（　　　　　　　　　　） kumpul di sekolah ini.　君たちはこの学校に集まる。

⑥外国人男性に対する「あなた」

Ini sampah （　　　　　　　　　　）.　これはあなたのゴミです。

解答　①Bapak　　②Mbak/Kakak　　③Anda sekalian/Anda-Anda
　　　④Ibu　　⑤Adik-adik　　⑥Tuan

疑問文

簡単な疑問文の作り方を学びましょう。

日常会話の疑問文って、どうなるんですか？

基本的に日本語と同じです。平叙文をそのまま文末を上がり調子に読みます。

❋ 平叙文を文末上がり調子で読む

次の例文を疑問文にしてみました。記号（↗）のある箇所で上がり調子に読むと、疑問文になります。

例14 **Ini tas.** イニ タス　これはバッグです。

→ **Ini tas ?** イニ タス（↗）　これはバッグですか？（↗）

例15 **Itu unik.** イトゥ ウニッ(ク)　あれはユニークです。

→ **Itu unik ?** イトゥ ウニッ(ク)（↗）　あれはユニークですか？（↗）

例16 **Anda minum kopi.**　あなたはコーヒーを飲みます。
<small>アンダ　ミヌム　コピ</small>

→ **Anda minum kopi ?** (↗)
<small>アンダ　ミヌム　コピ</small>

あなたはコーヒーを飲みますか（↗）？。

 apakah を文頭に置く
<small>アパカ</small>

　文末上がり調子に加えて、フォーマルな雰囲気の会話では apakah ということ
<small>アパカ</small>
ばを文頭に置いて疑問文にします。意味は同じですが、より丁寧な感じになりま
す。また、電話のように話し相手の顔が見えないような会話でも用いられます。

例17 **Apakah ini tas ?** (↗)
<small>アパカ　イニ　タス</small>

これはバッグですか？（↗）

例18 **Apakah itu unik ?** (↗)
<small>アパカ　イトゥ ウニッ(ク)</small>

あれはユニークですか？（↗）

例19 **Apakah Anda minum kopi ?** (↗)
<small>アパカ　アンダ　ミヌム　コピ</small>

あなたはコーヒーを飲みますか？（↗）

ミニテスト

指示に従い、次の文章を疑問文にしましょう。

①日常会話的な疑問文

　Déwi panggil saya.　デウイは私を呼びます。

→ _____

②フォーマルな疑問文

　Radio itu radio baru.　そのラジオは新しいラジオです。

→ _____

解答　①Déwi panggil saya ?　　②Apakah radio itu radio baru ?

疑問文への受け答えと否定文

疑問文への答え方と否定詞の使い方に慣れましょう。

「はい」「いいえ」「〜ではない」「〜しない」などはどう表現するんですか？

文に合わせて bukan, tidak などの否定詞を使います。

質問に対する答え方

　質問に対して、「はい」という肯定文はYa（ヤー）ですが、「いいえ」の場合、疑問文の形によって違います。名詞の疑問文なら「いいえ」はbukan（ブカン）、他方動詞、助動詞、形容詞の疑問文なら「いいえ」はtidak（ティダッ（ク））です。各例文に応じた回答を見て違いを理解してください。

述語に名詞のある文

Ini radio ?（イニ ラディオ）　これはラジオですか？

例20 肯定的回答　**Ya, ini radio.**（ヤー イニ ラディオ）　はい、これはラジオです。

例21 否定的回答　**Bukan, ini bukan radio.**（ブカン イニ ブカン ラディオ）
いいえ、これはラジオではありません。

述語に形容詞のある文

Itu baru ?（イトゥ バル）　あれは新しいですか？

例22 肯定的回答　**Ya, itu baru.**（ヤー イトゥ バル）　はい、あれは新しいです。

例23 否定的回答　**Tidak, itu tidak baru.**（ティダッ（ク） イトゥ ティダッ（ク） バル）
いいえ、あれは新しくないです。

述語に動詞のある文

アパカ　アンダ　マカン　ロティ
Apakah Anda makan roti. ?　あなたはパンを食べますか？

例24 肯定的回答
ヤー　サヤ　マカン　ロティ
Ya, saya makan roti.

はい、私はパンを食べます。

例25 否定的回答
ティダッ(ク)　サヤ　ティダッ(ク)　マカン　ロティ
Tidak, saya tidak makan roti.

いいえ、私はパンを食べません。

述語に助動詞のある文

キタ　アカン　マカン　クエ　イニ
Kita akan makan kué ini ?

私たちはこのお菓子を食べることになるのですか？

例26 肯定的回答
ヤー　カリアン　アカン　マカン　クエ　イニ
Ya, kalian akan makan kué ini.

はい、君たちはこのお菓子を食べることになるでしょう。

例27 否定的回答

ティダッ(ク)　カリアン　ティダッ(ク)　アカン　マカン　クエ　イニ
Tidak, kalian tidak akan makan kué ini.

いいえ、君たちはこのお菓子を食べないでしょう。

否定文は、述語に名詞のある文なら主語の後に bukan をおきます 例21 。一方述語に動詞、助動詞、形容詞のある文なら主語の後に tidak をおいて、否定文にします。

ミニテスト

次の疑問文に対し、「はい」と「いいえ」の両方で答えましょう。

①Déwi panggil saya？　デウイは私を呼びますか？

はい、デウイは私を呼びます。

いいえ、デウイは私を呼びません。

②Apakah radio itu radio baru？　そのラジオは新しいラジオですか？

はい、そのラジオは新しいラジオです。

いいえ、そのラジオは新しいラジオではありません。

解答

①〔肯定〕Ya, Déwi panggil saya. /〔否定〕Tidak, Déwi tidak panggil saya.
②〔肯定〕Ya, radio itu radio baru. /〔否定〕Bukan, radio itu bukan radio baru.

接辞／語根／派生語　①

インドネシア語最大の特徴、接辞について学びましょう。

インドネシア語は簡単だ、簡単だって聞くんですけど、難しいところはないんですか？

それをマスターしないと困るというような難しいところはあります。

インドネシア語の語根

　インドネシア語は特定の語根（基本的な単語、原形や語幹）に特定の接辞が付くと、本来の意味と同じか、または意味の異なる新たな「動詞」「名詞」「形容詞」「副詞」などを派生させます。語根には「名詞」「動詞」「助動詞」「形容詞」「副詞」「数詞」などがあります。

　派生語といえば、英語でもact「行為、行う」ということばに、接尾辞orが付くとactor「俳優」という別の名詞に、接尾辞iveが付くとactive「活発な」という形容詞に、それぞれ変化します。ほかにも接頭辞reと接尾辞ionがactを挟むように付くと、reaction「反応」というさらに別の名詞に変化します。

　派生語のうち名詞や動詞は新聞記事、学術論文、法令を含む公文書、会議の議事録などの書きことばになります。とくに動詞の場合、語根と派生語で意味が同じなら、語根が日常会話、派生語が書きことばを用いるフォーマルな会話で使われますので、語学能力が求められる仕事に就くなら修得が不可欠です。

　しかし本書は旅行や出張など、初めてインドネシアを訪れる人のための学習書です。ここで複雑な接辞の用法について解説はしませんが、簡単だけではないんだという全体像を理解してもらえればうれしいです。

語根に接辞がついてできる派生語

melihat「見る」という単語を使って、解説します。

例28 **Saya melihat mobil itu.** 私はその自動車を見ます。
サヤ　ムリハッ(ト)　モビる　イトゥ

私　　　　見る　　　自動車　その／あの

接頭辞		語根		派生語	
me-	**+**	**lihat**	**→**	ムリハッ(ト) **melihat**	見る

他動詞の語根lihat「見る」には、一定の規則（ふろくの「接頭辞me-の付く動詞の変化一覧」
→p.207）に基づき接辞me-が付いてmelihatになりますが、意味は変わりません。
しかし文章やフォーマルな会話においてはmelihatを用い、日常会話ではlihatを
使います。このlihat、さらに特定のさまざまな接辞が語根に付いて意味の異な
る「他動詞」「形容詞」「副詞」「名詞」を派生させます。

接頭辞		語根		派生語	
di-	**+**	**lihat**	**→**	ディリハッ(ト) **dilihat**	見られる
ter-		**lihat**		トゥルリハッ(ト) **terlihat**	見えた、可視的な
pe-		**lihat**		プリハッ(ト) **pelihat**	予言者
peng-		**lihat**		プんリハッ(ト) **penglihat**	視覚、視界、景色、光景

接頭辞	語根	接尾辞	派生語	
me-	**lihat**	**-kan**	ムリハッ(ト)カン **melihatkan**	見る、注視する
me-	**lihat**	**-i**	ムリハッティ **melihati**	見とれる、凝視する、注目する
memper-	**lihat**	**-kan**	ムンプルリハッ(ト)カン **memperlihatkan**	見せる、展示する、示す
peng-	**lihat**	**-an**	プんリハタン **penglihatan**	視力、見ること、視界、認識
ke-	**lihat**	**-an**	クリハタン **kelihatan**	見える、目に入る、どうやら〜のようだ

（各接頭辞+語根+接尾辞→派生語）

意味的に重なる語もありますが、全体として付く接辞が増えたり、複雑になる
ほど、フォーマルな会話や文章で使うのにふさわしいことばになります。接辞の
用法を理解していないと、語根で引く辞書で意味を探せなくなり、読み書きに困
ると共に、フォーマルな会話ができません。

接辞／語根／派生語 ②

接辞のしくみと特徴についてもう少し知りましょう。

接辞って、何が難しいのですか？

接辞、語根、派生語の関係について言うと、一貫性や整合性が弱いという点です。

 ## 派生語でフォーマルな言い方を表す

　インドネシア語は、語根に接辞が付くことでフォーマルなことばになります。仕事でフォーマルな会話をする場合や、大統領の演説を読むなどというときに、各種接辞を冠した派生語を理解して使えなければ、仕事にはなりません。

　例えば、日本語で「座る」と「着席する」という2通りの言い方があります。「座る」は普通の言い方、「着席する」がフォーマルな言い方です。インドネシア語では、「座る」だけなら語根のduduk（ドゥドゥッ(ク)）でいいのですが、「着席する」になるとmenduduki（ムンドゥドゥキ）という語根に接辞が付いた派生語を用います。

語根	**duduk**（ドゥドゥッ(ク)）	座る
派生語	**menduduki**（ムンドゥドゥキ）	着席する、
	接頭辞 **men-** ＋ 語根 **duduk** ＋ 接尾辞 **-i**	〜に座る

例外の多いインドネシア語の派生語

では、どの接辞がどの語根に付いて、どのような派生語になるかの用法を理解できれば使いこなせると思うかもしれません。しかし、実はそう簡単ではないところが、英語や日本語に比べてインドネシア語の意外と難しい部分なのです。

次の例文で見てみましょう

例29 Dia membaca kamus baru ini.

ディア　　　ムンバチャ　　　　カムス　　　バル　　イニ

　　　彼 (彼女)　　　読む　　　　　辞書　　　新しい　この

　　　彼はこの新しい辞書を読みます。

例えば、baca/membacaと接辞の付き方が似ている他動詞の語根lihat「見る」、これには接頭辞me- が付くと定められ、付いた後melihatとなり、意味は語根のときと同じです。

しかし、lihatには接頭辞 memper-と接尾辞 -kanが付くmemperlihatkan「見せる」があるのに、bacaにはmemperbacakanはありません。反対にbacaでは接尾辞 -anが付くbacaan「読み物」という派生語があるのにlihatにlihatanはありません。

多くの文法書では、接頭辞 memper-と接尾辞-kanが動詞に付くと「～させる」という意味の他動詞を派生させると解説しています。しかし、なぜlihatには付いてbacaには付かないのか合理的な理由がありません。要するに文法的な一貫性や整合性が著しく低く、例外ばかり表れて用法にこだわるほど困惑してしまうのがインドネシア語です。そこで、究極の修得法として次の3つの方法をおすすめします。

❶基本的な接辞の用法を理解したうえで辞書を用いて、語根が何かを見定める

❷語根の意味から派生語の意味を類推する（多くの場合、語根と派生語の間には意味的につながりがある）

❸派生語のまま意味を暗記する（melihatiを「凝視する」で覚えるなど）

本書を通じてインドネシア語を初めて学ばれた方も、さらに上級レベルを目指すなら、インドネシア語にはこのような特徴があるのだと理解していれば、学習が進むにつれ「よくわからない」という事態は避けられるでしょう。

地域別に3つの時間帯があるインドネシア

　17,000以上の島々からなるインドネシアは、海洋を含めるとヨーロッパに匹敵する広大な領域を擁す国です。地域別に時間帯も3つに分かれています。

❶ Waktu Indonésia Barat〈WIB〉
（ワクトゥ　インドネシア　バラッ（ト）　ウエイーベー）

　西部インドネシア時間：スマトラ島、ジャワ島、リアウ諸島、マレーシア領、ブルネイ領を除くカリマンタン島西部及び中部を網羅し、日本時間より2時間遅れています。首都ジャカルタはこのエリアです。

❷ Waktu Indonésia Tengah〈WITA〉
（ワクトゥ　インドネシア　トゥンガ　ウイタ）

　中部インドネシア時間：マレーシア領、ブルネイ領を除くカリマンタン島北部、東部、南部、スラウエシ島、バリ島を含む小スンダ列島を網羅し、日本時間より1時間遅れています。

❸ Waktu Indonésia Timur〈WIT〉
（ワクトゥ　インドネシア　ティムル　ウエイーテー）

　東部インドネシア時間：マルク諸島、パプアニューギニアを除くニューギニア島西部を網羅し、日本との時差はありません。

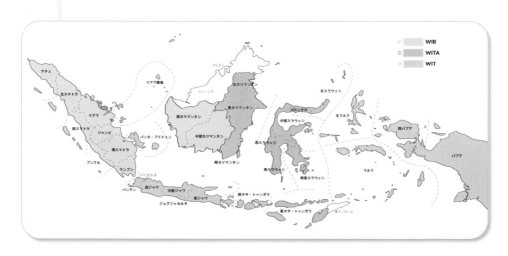

ステップ

2

そのまま覚えればOK！
あいさつのことば

基本のあいさつ

インドネシアでだれに対しても使えるあいさつ表現、
そのまま覚えればOkです。

selamatはアラビア語由来の「安全な、平安な」という意味の形容詞です。

このことばに「昼」を意味するsiangが付いて「よいお昼を＝こんにちは」になります。11時〜16時ごろまでに使います。なおselamatの最後のtは促音なので、はっきり「ト」と発音せず、音的には「トゥ」と聞こえます。

スらマッ（ト）　シアん
Selamat siang!

こんにちは。

スらマッ（ト）　シアん
Selamat siang!

こんにちは。

　selamat を付けたあいさつは、別れる際の「さようなら」ということばとしても使えるのでとても便利です。また若い人の間では、もう少し軽いあいさつとして使われる、Hi.「こんにちは。」などもあります。

スらマッ（ト）　　　ソレ
Selamat soré!

こんにちは。

インドネシア語のもう1つの「こんにちは」です。selamat に soré「夕方」が付いて16時〜18時ごろの「こんにちは」になります。

スらマッ（ト）　　　パギ
Selamat pagi!

おはようございます。

Selamat に pagi「朝」が付いて、11時ごろまで使える朝のあいさつになります。
同年齢くらいで親しい相手なら、selamat を省略しても構いません。例えば pagi！　だけだと「おはよう！」みたいなニュアンスになります。

selamat に malam「夜」が付いて、18時ごろ以降に使える夜のあいさつになります。

スらマッ（ト）　　　マらム
Selamat malam!

こんばんは。

相手の健康状態をたずねる

通常のあいさつとともに、
話し相手の状態を気にかけている自分の気持ちを伝えましょう。

apaは「何」、kabarは「便り、知らせ」を意味し、「便りはどうですか＝お変わりありませんか」という問いかけになります。Selamat siang.「こんにちは」などの後に続けてもよいし、最初から使うことも可能です。

普通に「元気です」というなら
Baik-baik saja.でも十分です。

Apa kabar?
アバ カバル

お元気ですか？

Baik, terima kasih.
バイク トゥリマ カシ

ええ、元気です。

baikは本来「よい」、terima kasihは「ありがとう」を意味することばですが、気にかけてくれた相手への感謝の気持ちを込めた返事になります。

ビアサ　　　サジャ
Biasa saja.

普通です。

これらのことばは、baik
を使うほど元気なわけ
ではありませんが、「そこ
そこ元気です」といった
ニュアンスで使えます。
＊ biasa　普通の、いつもの
　 ／ saja　～だけ

るマヤン
Lumayan.

まあまあです。

ワジャ　　　　　アンダ　　　ブチャッ（ト）
Wajah Anda pucat.
アンダ　ティダッ（ク）　アパ　　アパ
Anda tidak apa-apa?

顔が青いです。大丈夫ですか？

相手の体調が悪そうに見え
たときに使う表現です。
＊ wajah　顔、表情／ pucat　青
　 白い

サヤ　　　ティダッ（ク）　エナッ（ク）　　　バダン
Saya tidak énak badan.

体調不良です。

体調が思わしくないようなときは、無理せず正直に言いましょう。
＊ énak　気持ちが良い、おいしい／ badan　体

43

初対面のあいさつ

インドネシア人は話し好きです。物おじせず、笑顔で自己紹介をしましょう。

> クナるカン　　　　ナマ　　　サヤ
> **Kenalkan, nama saya**
> リョータ　　　キムラ
> **Ryota Kimura.**
>
> はじめまして、私の名前は木村涼太です。

「はじめまして」を意味する
kenalkanを最初に言います。
その後nama saya「私の名前は」
と続けますが、簡単に言う場合、
sayaの後に名前を続ける形が
普通です。

> サヤ　　　　サリ　　　　スハルパン
> **Saya Sari Suharpan.**
>
> 私はサリ・スハルパンです。

コラム

女性は、イスラム教の教えで握手しない人もいる

相手が女性のイスラム教徒（ムスリマ）の場合、こちらが手をさしのべても、反応してくれないこともあります。これは、ムスリマは血縁の男性や配偶者（夫）ではない人が女性の身体に触れてはならないという教えに基づいているからです。

しかし、教えの実践については、厳しく守り実践している人もいれば、軽く相手の手に触れる程度の形でなら握手する寛容なムスリマもいます。いろいろな人がいますが、相手が反応しなくても基本的に悪意はありません。

Saya berasal dari Osaka.
サヤ　ブルアサる　ダリ　オオサカ

私は大阪から来ました。

berasal dariは単純に「ある場所からほかの場所へやってきた」という意味ではなく、「〜出身」という意味で、この場合「大阪出身です」というニュアンスになります。

「私はジャカルタから来ました」という簡単な表現です。この場合、単純にジャカルタから来たのか、ジャカルタ出身なのかは曖昧ですが、それは会話の内容で判断します。

Saya dari Jakarta.
サヤ　ダリ　ジャカルタ

私はジャカルタです。

Senang bertemu Anda.
スナん　ブルトゥムゥ　アンダ

あなたにお目にかかれてうれしいです。

ここでは主語sayaがありません。会話ではこのような主語省略が頻繁にあります。
＊ senang　うれしい／ bertemu　会う

Saya juga.
サヤ　ジュガ

私もです。

jugaが入ると「同様に」とか「〜も」という意味になります。
ここでは、senang「うれしい」が省略されています。

45

別れと再会のあいさつ

友人同士の簡単なあいさつや、しっかりとした別れのことばなどいろいろあります。

* sampai　～まで、～に着く／bésok　明日　　　　　* jumpa　会う

サンペイ　　　ベソッ（ク）
Sampai bésok.

また明日。

サンペイ　　　ジュンパ
Sampai jumpa.

またね。

スらマッ（ト）　　　ジャらン
Selamat jalan.

さよなら（いってらっしゃい）。

この2つのあいさつは、遠方へ旅行に出かけるとか、長期間別れるときなどに使われます。日常的には、Selamat pagi.「おはようございます。」などのあいさつが、別れる際も使われています。

* jalan　道、道路、歩く、行く

スらマッ（ト）　　　ティンガる
Selamat tinggal.

さようなら（行ってきます）。

　　　　　　　　　　　* tinggal　住む

休暇やバカンスを過ごす相手に伝える
「さようなら」です。
＊ berlibur　休暇を過ごす

スらマッ（ト）　ブルりブル
Selamat berlibur.

よい休暇を。

アンダ　ジュガ　ハティ　ハティ
Anda juga. Hati-hati.

あなたもね。気をつけて。

名詞hati「心、ハート」は、重ねると「心
して＝注意して」という表現になるの
で、状況に応じて使いましょう。

らマ　ティダッ（ク）　ブルトゥムゥ
Lama tidak bertemu.

長いこと会っていませんでした。

＊ lama　（時間が）長い、古い

再会した人に対して用いるあいさつ
として、日常的に使われます。

アパ　カバル
Apa kabar ?

お元気でしたか？

47

返事とお願いのことば

返事やお願いのことばにもいろいろあります。

カカッ（ク） マカン イニ
Kakak makan ini?

あなたはこれを食べますか？

「はい」という返事は、Yaのみです。

ヤア
Ya.

はい。

「いいえ」という返事には、2種類あります。例えば「あなたはこれを食べますか？」と聞かれたときの「ノー」はtidakです。

ティダッ（ク）
Tidak.

いいえ。

アンダ オラん ジュパん
Anda orang Jepang?

あなたは日本人ですか？

「あなたは日本人ですか？」と聞かれたときの「いいえ」は、bukanになります。

ブカン
Bukan.

いいえ。

48

会話では英語から入ったOke.（オーケー）なども「了解した」というニュアンスで使われています。

Mengerti.
ムングルティ

わかりました。

Tidak mengerti.
ティダッ（ク）　ムングルティ

わかりません。

Maaf, sekali lagi.
マアフ　スカリ　らギ

すみません、もう一度お願いします。

Maafが英語のExcuse me. やI'm sorry.
にあたります。
＊sekali　1回／lagi　さらに、再度

Tunggu sebentar.
トゥングー　スブンタル

ちょっと待ってください。

Tolong tunggu sebentar.（トろん　トゥングー　スブンタル）と言えば、お願い
口調が強まり丁寧さが増します。
＊tunggu　待つ／sebentar　少し

49

食事の際の表現

レストランから屋台まで食事をする場所はいろいろです。

スらマッ（ト）　マカン
Selamat makan!

召し上がれ！

お店では、Silakan.ということばを、何かと店員さんが口にするのを聞くことでしょう。これは「どうぞ。」を意味するので、微笑みながらTerima kasih.と答えればオーケーです。

＊makan　食べる

トゥリマ　カシ
Terima kasih.

ありがとう。

「召し上がれ！」言われたら、軽くTerima kasih.「ありがとう」と答えてください。

味覚に関する表現

プダス pedas	辛い	アシン asin	塩辛い
マニス manis	甘い	パヒッ（ト） pahit	苦い
アッサム asam	酸っぱい	アッサム　マニス asam manis	甘酸っぱい

Énak.
<small>エナッ（ク）</small>

おいしいです。

Minta tambah lagi. 「おかわりをください。」と言うと、そのことばを耳にした店員さんは喜ぶに違いありません。反対に「おいしくないです。」はTidak énak.と言います。

Lapar.
<small>らパール</small>

おなかがすきました。

「とてもおなかがすいている」という表現は、Lapar sekali.です。このsekali「とても」は、先行する形容詞を強調する副詞として使われています。また、喉がかわいたときは、Haus.「喉がかわいています。」と言います。

Kenyang.
<small>クニャん</small>

おなかがいっぱいです。

最後にくるngの発音はgをはっきり発音しません。

感謝のことば

旅行中インドネシアの人たちに親切にしてもらったら、
感謝の気持ちをいろいろなことばで表しましょう。

トゥリマ　カシ
Terima kasih.

ありがとう。

直訳すると「思いやりを
いただきました。」です。

感謝の気持ちを丁寧に表したいとき
や、強調したいときなどは、Terima
kasihに形容詞banyak「多くの」を付け
て言います。

トゥリマ　　　　　カシ　　　　バニャッ（ク）
Terima kasih banyak.

どうもありがとうございます。

Sama-sama.
（サマ　サマ）

お互い様ですよ。

普通の日常会話では
sama-sama. で十分です。
＊ sama　同じ

Kembali. /
（クンバリ）
Terima kasih kembali.
（トゥリマ　カシ　クンバリ）

どういたしまして。

これらは、sama-sama より丁寧な言い方です。

Terima kasih atas
（トゥリマ　カシ　アタス）
bantuan Anda.
（バントゥアン　アンダ）

お世話になりました。

もっとも丁寧な表現です。直訳は「あなたの
ご支援に感謝申し上げます。」
＊ atas　上、〜について／ bantuan　支援、援助

お詫びと確認のことば

「すみません」「ごめんなさい」などいろいろな表現があります。

人ごみの中、通り抜けさせてもらうた
めに断りを入れたり、お店で店員さん
を呼ぶときに使えます。

Permisi.
プルミシ

すみません。

Maaf.
マアフ

ごめんなさい。／すみません。

基本的に残念に思うとき、申し訳なく感じる
際に使うことばです。謝るレベルによって、
Minta maaf「ごめんなさい」、Mohon maaf「申
し訳ありません」の順に強まっていきます。発
音は「マーフ」ではなく「マアフ」というように
「ア」の音を少し強調してください。なおmaaf
の場合、permisiと同様に「すみません」的に使
うこともあります。

話し相手の言った事柄や自分の言ったことを質問する
口調で確認するときに使えます。

Benarkah?
ブナールカ

本当ですか？

Boléhkah?
ボレカ

いいですか？

話し相手に対して、自分が何かをしてよ
いか確認する際に使うことができます。

Ya, begitulah.
ヤー　ブギトゥら

ええ、そうなんです。

話し相手の発言や自分の言ったことが、
間違っていないというときに使います。

Oh, begitu.
オー　ブギトゥ

ああ、そうなんですか。

会話の中で話し相手のことばにあいづ
ちを打つ際に使えます。

55

お祝いのことば

入学、就職、結婚、そして各宗教に基づくお祝いごとなど、
インドネシアでも、お祝いのことばはいろいろです。

スラマッ（ト）
Selamat!

おめでとう！

何かしらおめでたいときに言うことばです。状況によりselamatの後にことばを添えると、より具体的な祝辞になります。例えば結婚式なら、
Selamat menikah！「結婚おめでとう！」
スラマッ(ト)　ムニカ

スラマッ（ト）　　うらん　　タフン
Selamat ulang tahun!

お誕生日おめでとう！

やや長めになりますが、相手が年配の方なら
Semoga panjang umur dan séhat-séhat selalu！「ご健勝でありますように！」を添えれば完璧です。
スモガ　パンジャン　ウムル　ダン　セハッ(ト)セハッ(ト)　スラるー

＊ ulang　繰り返す／ tahun　年／ semoga　〜でありますように／ panjang umur　長生き／ séhat　健康な（séhatが重なることでより強調されています）

るアル　　ビアサ
Luar biasa!

素晴らしいです！

勉強、スポーツ、仕事などにおいて目覚ましい成果を上げた相手をたたえるときに使います。

Hébat ya!
ヘバッ（ト）　ヤー

すごいです！

Luar biasaと同じようなニュアンスで使えます。ほかにKerén！という言い方もあります。

＊hébat　すごい／kerén　すごい、かっこいい

Selamat Lebaran!
スらマッ（ト）　るバラン

レバランおめでとうございます！

年に1回イスラム教徒が行う1か月間の断食月を経てお祝いする断食明け大祭のことをレバランと言います。

Selamat tahun baru!
スらマッ（ト）　タフン　バルー

あけましておめでとうございます！

レバランに比べお祝いの規模は小さく、期間も短いのですが、最近はグローバル化をうけてジャカルタなど大都市では、カウントダウンイベントを行ったり、テレビでその情景が報じられたりして賑やかになってきました。

電話でのあいさつ

滞在中、慣れてくると少し電話を使って話をすることもあるでしょう。
そのときの簡単な表現です。

Haloの後に、動詞ada「ある、いる」を続けます。

ハろー　アダ　ブ　サリ
Halo, ada Bu Sari?

もしもし、サリさんはいますか？

＊ sendiri　1人で、自身で

ヤー　サヤ　スンディリ
Ya, saya sendiri.

はい、本人です。

ハろー　ハろー
Halo, halo.

もしもし、もしもし。

インドネシア語でHaloは日本語での
「もしもし」にあたります。電話ではこ
のことばを使います。

Halo, bisa bicara
ハロー　　ビサ　　ビチャラ

dengan Pak Ryota?
ドゥガン　パッ（ク）　リョウタ

涼太さんとお話しできますか？

「可能である」という意味の助動詞 bisa を用い、ややへりくだった言い方になります。
＊ bicara　話す、しゃべる／
　　dengan　〜と

Maaf, ini dengan siapa?
マアフ　　イニ　ドゥガン　　シアパ

失礼ですが、どちら様ですか？

こちらも文頭に謝罪表現のひとつである maaf をおいて、丁寧にたずねる形になっています。
＊ siapa　だれ、どなた

Maaf, salah sambung.
マアフ　　サら　　サンブん

ごめんなさい、間違い電話です。

＊ salah　間違える／ sambung　接続する

59

職場やフォーマルな場でのあいさつ

職場でのあいさつ、会議中に退出する際のことばなどは、
基本的なあいさつに比べて少し丁寧になります。

スらマッ（ト）　　　バギ　　　パッ（ク）
Selamat pagi, Pak.
ビサ　　　ビチャラ　　　スブンタル
Bisa bicara sebentar?

おはようございます。少しお話しできますか？

社員は上司に対して、目上の男性に使う敬称Pakを最後に付けることで敬意を表しています。これがつくことで丁寧になりますが、訳すことはしません。
＊bisa　できる／sebentar　ちょっとの間

パギ　　　ビサ　　　はる　　　アパ
Pagi. Bisa, hal apa?

おはよう。いいよ、何の件かな？

上司は Selamat pagi.を略して
Pagi.と軽く応じています。

カルトゥ　ナマ　　　　　　　　　　　　　　ティテる
kartu nama「名刺」に記載される titél「称号」

　インドネシア人の名刺には、名前、役職、勤務先のほか、日本ではあまり見かけない記載が名前の前後に付いていることがあります。例えばイスラム教徒の義務であるメッカ巡礼を済ませると、男性は Haji (H.)、女性は Hajah (Hj.) という称号が付きます。重要な点は名刺の記載からある程度、相手の背景がうかがえることです。最近の民間企業では、役職のみ記載するところが多くなっています。しかし、国営企業や自治体を含む官庁、大学など教育研究機関職員では名刺に取得している学位を示す称号を記載する傾向は強いようです。

マアフ　　　　　サヤ　　　　パミッ（ト）
Maaf, saya pamit.

すみません、（お先に）失礼します。

職場などで、会議で中座するときや退社するさいに言うあいさつで、ニュアンスとしては、いちばん丁寧な「お先に失礼します」です。

サヤ　　　　　プルミシ　　　　ドゥるアン
Saya permisi duluan.

お先に失礼します。

わりと普通に使われている「お先に失礼します」です。

サヤ　　　　ドゥるアン
Saya duluan.

お先に。

職場で、あなたが上司や同僚に退社する際や、会議中ほかの出席者に対して中座するような場合に使うことばです。丁寧さではいちばん軽い「お先に失礼します」です。こうしたあいさつは、相手とあなたの関係により使い分けることができます。

61

フォーマルな場での自己紹介

第3課で自己紹介の表現を学びましたが、
ここでは相手が取引先の場合を想定した表現です。

プルクナーるカン　ナマ　サヤ
Perkenalkan, nama saya
リョータ　キムラ
Ryota Kimura.

はじめまして、私の名前は木村涼太です。

perkenalkanは普通に使うkenalkanより少しフォーマルな言い方なので、より丁寧な感じになります。

プルクナーるカン　サヤ　サリ　スハルパン
Perkenalkan, saya Sari Suharpan.

はじめまして、私はサリ・スハルパンです。

学歴を表す称号

ドクトランドゥス **Drs.**	学士（文系男性）	ドクトランダ **Dra.**	学士（文系女性）
インシニュル　サルジャナテクニイク **Ir. / S.T.**	学士（工学）	サルジャナフクム **SH.**	学士（法学）
サルジャナエコノミ **S.E.**	学士（経済学）	サルジャナクドクトゥラン **S.Ked.**	学士（医学）
マギストゥルマナジェメン **M.M.**	修士（経営学）	ドクトル **Dr.**	博士

インドネシアでは、自社の上司を他社の人間に紹介する際、日本語の敬称「〜さん」に該当
する Bapak（男性に対する敬称）や Ibu（女性に対する敬称）をつけます。
* manajer　マネージャー（最近は英語の影響で manager もよく耳にします。）

イニ　イブ　サリ　　メネージュル　　カミ
Ini Ibu Sari, manajer kami.

こちらは、私どものマネージャーのサリさんです。

プルクナーるカン　　　　サヤ　　サリ
Perkenalkan, saya Sari.
スナん　　　　プルトゥムゥ　　　ドゥガン　　　ババッ（ク）
Senang bertemu dengan Bapak.

はじめまして、サリです。お目にかかれて幸いです。

普通の自己紹介では、前置詞 dengan「〜と」は省
略しても構いませんが、フォーマルな場面では
dengan を付けて丁寧にあいさつします。

サヤ　　ジュガ　　スナん
Saya juga senang
プルトゥムゥ　　　ドゥガン　　イブ
bertemu dengan Ibu.

私もお目にかかれて幸いです。

63

コラム

「あなたに平安がありますように」

　イスラム教徒同士の間でよく使われているあいさつに、Assalamualaikum!「あなたに平安がありますように！」ということばがあります。話しかけられたほうは、Waalaikumsalam!「あなたにも平安がありますように！」と応えるのが普通です。

　こうしたあいさつのことばは、朝昼晩のあいさつにもなれば、他人の家を訪問した際の「ごめんください。」として使うこともできます。

「神の名において」「何事も神様のおかげです」

　イスラム教徒は、Bismillah.「神の名において」や Alhamdulillah!「何ごとも神様のおかげです！」もよく口にします。

　Bismillah. は、礼拝を行う際最初に唱えることばですが、何かを始める前に口にすることばにもなります。「これからやることが神様のご加護を得られますように」と願う意味があります。作業を始める前や、食事をする前でもよいのです。

　Alhamdulillah! は、何かよい出来事を耳にしたときに口にします。意味的には、そのような成功を人間にもたらしてくれた神様に感謝しつつ、祝福する自分の気持ちを表しています。Apa kabar？「元気ですか？」と聞かれた際の返事として使われることもあります。

覚えておきたい！
基本のフレーズ

私は～です

自己紹介で使える表現です。

サヤ　　　　ヒトミ
Saya Hitomi.

主語　　　　　　述語
人称代名詞　　　名詞

私は　ヒトミです。

ちょっとだけ文法 1　基本の構文〈主語＋述語〉

　インドネシア語には英語の be 動詞はなく、主語のすぐ後に述語が続きます。「私は～です」は、主語（人称代名詞）の後にそのまま名詞や形容詞をおきます。上の例文は直訳すると「私ヒトミ」になってしまうため、「は～です」をそえる形で意訳してあります。

　　　　　　クナーるカン　サヤ　　　ケンタ　　　サヤ　　　マハシスワ
例 Kenalkan, saya Kénta.　Saya mahasiswa.

　　はじめまして、私はケンタです。私は学生です。

ちょっとだけ文法 2　人称代名詞

　人称代名詞は、下表のとおりです。2人称代名詞の使い方には注意が必要です。詳しくは、ステップ1第8課（→p.26-29）を参照してください。

	単数形	複数形
1人称	サヤ　**saya**　私 アク　**aku**　ぼく、あたし、おれ	キタ　カミ **kita/kami**　私たち
2人称	アンダ　　バパッ(ク)　　　マス **Anda / Bapak / Mas /** イブ　ンバッ(ク)　カカッ(ク) **Ibu / Mbak / Kakak /** カム **kamu** あなた	アンダ　スカリアン　アンダ　アンダ **Anda sekalian / Anda-Anda /** バパッ(ク)　バパッ(ク)　マス　マス　イブ　イブ **Bapak-bapak / Mas-mas / Ibu-ibu /** ンバッ(ク)　ンバッ(ク)　カカッ(ク)　カカッ(ク) **Mbak-mbak / Kakak-kakak** あなた方、皆さん
3人称	ディア　イア **dia / ia**　彼、彼女	ムレカ **meréka**　彼ら、彼女たち

＊3人称の男女区別は、文脈によって判断します。

こんな場面で使います

ケース1

A
スらマッ（ト） シアん サヤ アニサ
Selamat siang, saya Anisa.

こんにちは、私はアニサです。

B
スらマッ（ト） シアん イブ アニサ
Selamat siang Ibu Anisa,
サヤ チカコ
saya Chikako.

こんにちはアニサさん、私はチカコです。

Ibuのように、2人称代名詞の単数は、Anda / kamu / engkau
（→p.28）を除き名前の前につくと敬称（～さん）に変化します。

ケース2

A
ディア ドクトゥル
Dia dokter.

彼女は医師です。

B
カリアン プガワイ カントル
Kalian pegawai kantor.

あなた方は会社員です。

この場合のkalian（→p.28）は、年齢、地位が同格で男女
共通に使えるなど、一定の条件に基づく「あなた方」です。

C
キタ プガチャラ
Kita pengacara.

私たちは弁護士です。

ミニテスト

「～は～です」という次の日本語に合わせてインドネシア語にしましょう。

①あの方は医師です。＊丁寧な3人称

②私たちは会社員です。 ＊話し相手を含めず自分たちだけを表す「私たち」

解答

① Beliau dokter. ② Kami pegawai kantor.

〜ではありません

何らかの事柄を否定する際に使います。

キタ　　　ブカン　　　　　　　プニャニ　　　　　　　　トゥルクナる
Kita bukan penyanyi terkenal.

主語　　　　　　　　　　　　述語（名詞＋形容詞）

人称代名詞　　　否定詞　　　　　　　　名詞　　　　　　　　形容詞

私たちは 有名な 歌手 ではありません。

ちょっとだけ文法 1 　　　否定詞 bukan

述語が名詞だけの文や、特定の名詞を形容詞あるいはほかの名詞が修飾する名詞句の存在する文では、否定詞は bukan を使います。

ツカサ　　　　ブカン　　　オらン　　　ティオンコッ（ク）
例 Tsukasa bukan orang Tiongkok. ツカサは中国人ではありません。

ツカサ　　　ではありません　　人　　　　中国の

＊ orang Tiongkok は述語が〈名詞＋名詞（人＋中国）〉のパターンです。

ちょっとだけ文法 2 　　　修飾語と被修飾語

日本語とインドネシア語では、修飾関係が逆転しています。

日本語の「有名歌手」は、先行する形容詞「有名な〈修飾語〉」が名詞「歌手〈被修飾語〉」を修飾する名詞句を形成しています。

しかし、インドネシア語ではこの語順が逆転し、先行する名詞 penyanyi「歌手〈被修飾語〉」を形容詞 terkenal「有名な〈修飾語〉」が後ろから修飾して penyanyi terkenal となっています。

ナオミ　　　　プマイン　　テニス　　　ウングる
例 Naomi pemain ténis unggul. ナオミは優秀なテニス選手です。

ナオミ　　　　　選手　　　テニス　　　優秀な

＊形容詞 unggul「優秀な」が、名詞 pemain ténis「テニス選手」を修飾する名詞句を作っています。

68

こんな場面で使います

ケース1

A
カリアン　　　　　マハシスワ
Kalian mahasiswa?

君たちは学生ですか？

平叙文を疑問文にするときは、そのまま文末を上がり調子で
読み上げてください。

B
ブカン　　　　カミ　　　ブカン
Bukan, kami bukan
マハシスワ　　　　　　カミ　　ムリッ（ド）　エスエムア
mahasiswa. Kami murid SMA.

いいえ、私たちは学生ではありません。
私たちは高校生です。

* murid　生徒（小中高生）／ SMA(Sekolah Menengah Atas)　上級中等学校（高校）の略称

ケース2 **A**
カム　　　　　　ブニアル　　　　ヘバッ（ト）
Kamu penyiar hébat.

きみはすごいアナウンサーだ。

形容詞hébat「すごい」、が名詞penyiarを修飾する名詞句を
作っています。

B
カッ（ク）　　　インダ　　　　セクルタリス　　　チャンティッ（ク）
Kak Indah sékretaris cantik.

インダさんはきれいな秘書です。

形容詞cantik「きれいな」が名詞sékretarisを修飾する名詞句
を作っています。Kakは2人称代名詞Kakakの省略形です。

プラス**α**

質問に対する肯定の答え
　ケース1の Kalian mahasiswa? の質問に答える場合、肯定するなら ya になり
ます。
　　　　　　ヤー　カミ　　マハシスワ
　[肯定] **Ya**, kami mahasiswa.　　はい、私たちは学生です。

これ／それ／あれは～です

何か物事を説明する際に使います。

_{イニ} _{ティガ} _{ブア} _{タス} _{バル}
Ini tiga buah tas baru.

主語　　　　　　　述語（数詞＋助数詞＋名詞＋形容詞）
指示代名詞　　数詞　　　助数詞　　　　名詞　　　形容詞

これは 3 個の 新しい バッグです。

ちょっとだけ文法 1　　指示代名詞 ini「これ」、itu「それ、あれ」

指示代名詞には、ini「これ」、itu「それ、あれ」があります。これらを主語として述語が続くと、「これ／それ／あれは～です」という文になります。また修飾関係が逆転しているため、iniやituが名詞の後にくると「この」「その／あの」に変化します。

◆主語としての指示代名詞

_{イニ}　_{ブク}　_{マハる}
例 Ini buku mahal.　　これは高価な本です。　＊ mahal　値段が高い
　　これ　　本　　　高価な

◆指示代名詞が名詞の後にくる場合

_{ブク}　_{イニ}　_{マハる}
例 Buku ini mahal.　　この本は高価です。
　　本　　　この　　高価な

ちょっとだけ文法 2　　数詞や助数詞は日本語と同じ語順になる

数量に関わる数詞（数字）や助数詞は、名詞の前におかれ、ほぼ日本語と同じ語順になります。例えば「3個の新しいバッグ」なら、名詞句 tas baru「バック＋新しい」というように修飾関係は日本語と逆になりますが、tiga buah「3＋個」はそのまま名詞句の前におかれています。

_{イニ}　_{ティガ}　_{ブア}　_{ブク}　_{マハる}
例 Ini tiga buah buku mahal.　　これは、3 冊の高価な本です。
　　これ　3　　冊　　本　　　高価な　（→数詞、助数詞はp.212-214を参照）

こんな場面で使います

ケース1

A

Itu foto bagus, bukan?
イトゥ　フォト　バグス　ブカン

それは素晴らしい写真ですよね？

最後のbukanは名詞文の否定詞ではなく、「〜ですよね／でしょう」付加疑問詞的なbukanです。

B

Ya, ini foto bagus.
ヤー　イニ　フォト　バグス

ええ、これは素晴らしい写真です。

ケース2

A

Lima orang Amérika itu
リマ　オラん　アメリカ　イトゥ

jurnalis?
ジュルナリス

あの5人のアメリカ人は、ジャーナリストですか？

名詞orang Amérika「アメリカ人」と、人につく序数詞orang「〜人」とが重なり、和訳では「人」が2回出てきますが、インドネシア語のorangは1回です。

B

Ya, meréka jurnalis.
ヤー　ムレカ　ジュルナリス

はい、彼らはジャーナリストです。

＊jurnalis　ジャーナリスト

kan や ya も付加疑問詞として使われる

　日常会話では、bukan がさらに省略された kan や、「はい」という意味とは別の ya もまた使われています。

　気をつけないといけないのは、このような付加疑問詞的表現は、親しい間柄で用いるものなので、初対面の人や上位の相手に使うと失礼になる可能性があります。使い分けには注意しましょう。

…で〜を○○します

何かをどこかで行動する際の表現です。

サヤ　ミヌム　コピ　ディ　カフェ

Saya minum kopi di kafé.

主語　　　　述語　　　　目的語

人称代名詞　　　動詞　　　名詞　　前置詞　　名詞

私は カフェ で コーヒーを 飲みます。

ちょっとだけ文法1　述語に動詞がある場合は〈主語＋動詞＋目的語〉

インドネシア語の基本文型は〈主語＋述語〉ですが、その述語に動詞がある場合、英語と同じように〈主語＋動詞＋目的語〉の語順になります。つまり日本語ならいちばん最後にくる動詞が主語の後に続きます。

キタ　ブらジャル　バハサ　インドネシア

例 Kita belajar bahasa Indonésia.　私たちはインドネシア語を勉強します。

私たち　勉強する　〜語（言語）　インドネシア

ちょっとだけ文法2　場所前置詞 di, ke, dari

前置詞の中で、場所については次の3つの前置詞が重要です。きちんと覚えて使いこなせるようにしましょう。

ディ di	〜で／〜に／〜の	ク ke	〜へ／に	ダリ dari	〜から

ババッ(ク)　ババッ(ク)　マカン　ナシ　ゴれん　ディ　レストラン　イトゥ

例 Bapak-bapak makan nasi goréng di réstoran itu.

あなた方は、あのレストランでナシゴレンを食べます。

サヤ　ブルギ　ク　バンダラ　スカルノ　ハッタ

Saya pergi ke bandara Soekarno Hatta.

私は、スカルノ・ハッタ空港へ行きます。　＊ bandara　大規模空港

デフィ　ブらん　ダリ　スコら

Dévi pulang dari sekolah.　デフィは学校から帰ります。

＊ sekolah　学校

こんな場面で使います

ケース 1

A

イブ　ディナ　ブッ（ク）ルジャ　ディ　バンドゥん
Ibu Dina bekerja di Bandung?

ディナさんは、バンドンで働いているのですか？

疑問文なので、文末を上がり調子に言いましょう。

B

ヤー　サヤ　ブッ（ク）ルジャ　ディ　バンドゥん
Ya, saya bekerja di Bandung.

はい、私はバンドンで働いています。

ケース 2 **A**

A

アパカ　　ババッ（ク）　　ヤマダ
Apakah Bapak Yamada
ダタん　　ダリ　　スタシュン
datang dari stasiun?

山田さんは駅から来たのですか？

文頭にapakahが加わると丁寧な聞き方になります。
＊ stasiun　駅

B

ティダッ（ク）　ディア　ダタん　　ダリ
Tidak, dia datang dari
バンダラ
bandara.

いいえ、彼女は空港から来ました。

名詞文の否定詞はbukanでしたが、動詞文の場合、否定詞はtidakになります。

プラスα

目的語を取らない自動詞

　tidur「寝る」のように目的語を取らない自動詞の場合は、一部を除き目的語がなくても構文が成立します。

カッ（ク）　ブディ　ティドゥル
例 Kak Budi tidur.　ブディさんは寝ます。

　＊20歳代独身男女に対して使う2人称代名詞 Kakak の省略形 Kak ですが、名前の前におかれると敬称「～さん」になります。

〜しません

何かを「しません」と否定を表すときの表現です。

キタ　　ティダッ（ク）　　プリ　　　オレ　　　　オレ　　　イトゥ
Kita tidak beli oléh-oléh itu.

主語	否定詞＋動詞		目的語	
人称代名詞	否定詞	動詞	名詞	指示代名詞

私たちは その お土産を 買い ません。

ちょっとだけ文法 1　　否定詞 tidak

　動詞、形容詞、助動詞の文での否定詞はtidakを用います。名詞文での否定詞bukanは名詞のみなので、区別が不可欠です。つまりこれらを用いた文で質問された際の否定も、一部を除きほぼtidakで答えます。

ディア　ティダッ（ク）　ノントン　フィルム　コレア
例 Dia tidak nonton film Koréa.
彼（彼女）　〜ない　〜を観る　映画　韓国

彼女は、韓国映画を観ません。

＊ Koréa は本来「朝鮮」を意味し、正確に「韓国」という場合は Koréa に selatan「南」を付けて Koréa Selatan「南朝鮮＝韓国」といいます。

ちょっとだけ文法 2　　助動詞 mau

　助動詞は主語の後、動詞の前におかれます。ただし助動詞mau「〜したい／〜するつもり」と否定詞tidakを重ねて使うと、「〜したくない／〜するつもりではない」という表現になります。また、否定詞と助動詞を同時に使う場合、一部を除き否定詞が先行します。

オラン　イトゥ　ティダッ（ク）　マウ　プサン　タクシ
例 Orang itu tidak mau pesan taksi.
人　あの　〜ない　〜したい　予約する　タクシー

あの人はタクシーを予約したくない。

サヤ　ティダッ（ク）　マウ　ドゥドゥッ（ク）　ディ　シトゥ
Saya tidak mau duduk di situ.
私　〜ない　〜したい　座る　〜に　そこ

私はそこに座りたくない。

74

こんな場面で使います

ケース1

A
アイナ　　マウ　　プサン
Aina, mau pesan
カマル　　ホテる
kamar hotél?

アイナ、ホテルの部屋を予約しますか？

日常会話では、しばしば「あなたは」という主語を省略します。

B
ティダッ（ク）　サヤ　ティダッ（ク）　マウ　プサン　　カマル　　ホテる
Tidak, saya tidak mau pesan kamar hotél.

いいえ、私はホテルの部屋を予約しません。

ケース2

A
マアフ　　バハサ　　インドネシア
Maaf, bahasa Indonésia
サヤ　ティダッ（ク）　バグス
saya tidak bagus.

すみません、私のインドネシア語はひどいのです。

形容詞bagus「よい、素晴らしい」をtidakで否定しています。

B
バガイマナ　　カらウ　　バハサ
Bagaimana kalau bahasa
イングリス
Inggris?

英語ならどうですか？

＊bagaimana kalau 〜ならどうですか

ミニテスト

（　）の中に、bukanとtidakのいずれか適当な否定詞を入れて完成させなさい。

①Mas Andi（　　　）main bulu tangkis.　アンディさんはバドミントンをしません。

②Mi goréng itu（　　　）pedas.　その焼きそばは辛くありません。

③Ini（　　　）kopi manis.　これは甘いコーヒーではありません。

④Anda（　　　）mau kirim email.　あなたはメールを送りたくありません。

解答　①tidak　②tidak　③bukan　④tidak

あれはだれの〜ですか？

特定の物事がだれに関係しているのか、だれのものなのか確認する際に使います

タブレッ（ト）　　イトゥ　　タブレッ（ト）　　シアパ

Tablét itu tablét siapa?

主語　　　　　　　　　　述語

名詞　　　指示代名詞　　　名詞　　　疑問詞

その タブレットは だれの タブレット ですか？

ちょっとだけ文法1　　疑問詞 siapa

siapaは「だれ」を意味する疑問詞です。修飾関係が逆転しているので名詞の後ろにsiapaがくると「だれの」になります。siapaだけを単独で使う場合、疑問詞の位置は状況や何を強調したいかにより変化するので、文頭でも文末でも構いません。

シアパ　　オラん　　イトゥ
例 Siapa orang itu?　　あの人はだれですか？
　　だれ　　人　　あの

文末にくる場合、Orang itu siapa? となります。
　　　　　　　　　　　オラん イトゥ シアパ

ちょっとだけ文法2　　格変化の欠如

インドネシア語には英語「I-my-me」のような格変化がありません。

例えば1人称代名詞のsayaはすべて同じですが、文の中でどこにあるかで意味が変化します。主語なら「私は」、名詞の後なら「私の」、目的語に位置していたら「私を」という意味になるのです。

イトゥ　モトル　シアパ
例 Itu motor siapa?　　それはだれのバイクですか？
　　それ　バイク　だれの

＊motor　オートバイ、バイク

イニ　モトル　サヤ
Ini motor saya.　　これは私のバイクです。
　　これ　バイク　私の

こんな場面で使います

ケース1

A

カカッ（ク）　ブルギ　ク　ペスタ　ウらん　タフン　シアパ
Kakak pergi ke pésta ulang tahun siapa?

あなたは、だれのバースデーパーティーに行くのですか？

＊pésta　パーティー／ ulang tahun　誕生日

B

サヤ　ブルギ　ク　ペスタ
Saya pergi ke pésta
アディッ（ク）　サヤ
adik saya.

私は妹のパーティーに行きます。

＊adik　年下の兄弟姉妹（弟・妹）

ケース2

Rimantini

A

シアパ　ナマ　アディッ（ク）　アンダ
Siapa nama adik Anda?

あなたの妹さんのお名前は何ですか？

疑問詞siapaは人の名前をたずねる際にも使います。

B

ナマニャ　リマンティニ
Namanya Rimantini.

彼女の名前はリマンティニです。

この文の主語namanya（nama ＋ nya）は名詞namaと3人称代名詞dia「彼、彼女」が変化したnyaが1つになった派生語です。つまりnama diaといっても同じですが、日常会話では短くなったnamanyaのほうが多く使われています。特定の1人称や2人称代名詞においても同様の派生語があります。

［例］ Ini mobil aku.　→　Ini mobilku.　　これは僕の車だ。
　　　Ini mobil kamu.　→　Ini mobilmu.　　これはきみの車だ。

あなたのお名前は何ですか？

　単純に「あなたのお名前は何ですか？」は、Siapa nama Anda？　です。

　これは英語の What is your name? です。ただし、インドネシア語で名前を聞く際は、what に当たる疑問詞 apa「何」ではなく、必ず siapa「だれ」を用います。そもそも apa は、物事をたずねるときに使う疑問詞なので Apa nama Anda? と言うと、相手に対して失礼になります（→ p.120：疑問詞 apa の用法）。

◆よく使われる動詞１◆

bangun（バグン）
起きる、目覚める

duduk（ドゥドゥッ(ク)）
座る

berangkat（ブらんカッ(ト)）
出発する

lahir（らヒル）
生まれる

cuti（チュティ）
休暇を取る

keluar（クるアル）
出る、外出する

A	**ada**（アダ）	ある、いる、持っている		
D	**datang**（ダたん）	来る		
G	**gugur**（ググル）	落ちる、散る、流産する		
H	**habis**（ハビス）	（消費して）無くなる	**hadir**（ハディル）	出席する
	hancur（ハンチュル）	砕ける	**hidup**（ヒドゥッ(プ)）	生きる、暮らす
	hilang（ヒらん）	消える、無くなる		
I	**ikut**（イクッ(ト)）	参加する、ついていく	**ingat**（インガッ(ト)）	覚えている、思い出す
J	**jatuh**（ジャトゥ）	落ちる、倒れる		
K	**kalah**（かラ）	負ける	**kembali**（クンバリ）	戻る
	kenal（クナる）	面識がある、知っている	**kawin**（カウィン）	結婚する
L	**léwat**（れワッ(ト)）	通る、通過する	**lupa**（るパ）	忘れる

78

ミヌム
minum
飲む

マンディ
mandi
水浴びする

マカン
makan
食べる

ナイク
naik
上がる、乗る、登る

らリ
lari
走る、逃げる

ブルギ
pergi
行く

ぷらん
pulang
帰る

M	マジュ **maju**	進む	マンピル **mampir**	立ち寄る
	マスッ(ク) **masuk**	入る	マティ **mati**	死ぬ、 スイッチオフになる
	ムナん **menang**	勝つ	ミンタ **minta**	求める
	ムれイ **mulai**	始まる、始める	ムンドゥル **mundur**	後退する
P	パハム **paham**	わかる	ピンダ **pindah**	移る
S	サンパイ **sampai**	着く	スるセイ **selesai**	終わる
T	タウ **tahu**	知っている、わかる	タマッ(ト) **tamat**	終える、卒業する
	トゥングらム **tenggelam**	沈む、溺れる	トゥルバん **terbang**	飛ぶ
	トゥルビッ(ト) **terbit**	（太陽、月が）昇る、 出版する	ティバ **tiba**	着く
	ティドゥる **tidur**	寝る	ティンガる **tinggal**	住む、残る
	トゥンブ **tumbuh**	育つ、成長する	トゥルン **turun**	降りる、下がる

〜はいくらですか？

品物やサービスの値段をたずねる際に用います。

ハルガ　　イトゥ　　　　　プラパ

Harga itu berapa?

主語（名詞＋指示代名詞）
名詞　　指示代名詞　　　疑問詞

その 値段は いくらですか？

ちょっとだけ文法1　　疑問詞 berapa

　値段や価格を意味するhargaという名詞を文頭に、その後数字に関する疑問詞berapaを続けます。berapaは直訳すると「いくつ」ですが、お金に関係すると「いくら」になります。疑問詞berapaの位置は必ずしも文末とは限らず、Berapa harga itu?　のように、文頭にもおけます。

プラパ　　　ハルガ　　ハーペー イニ
例 Berapa harga HP ini? ＊ HP：携帯電話（Hand Phone）の略語。

この携帯電話の値段は、いくらですか？

　berapa が文末にくる場合は、Harga HP ini berapa?　となります。日常会話では、HP ini berapa?「この携帯電話はいくらですか？」のように、hargaを省略しHP iniの後にberapaを続けても相手には値段を聞いていることが伝わります。

ちょっとだけ文法2　　値段の表し方

　値段を聞いた場合、返事は当然数字で返ってきます。インドネシア語で「8,500ルピア」を記号表記すると、Rp 8.500となります。Rpはインドネシア通貨rupiahの略語ですが、記号で表記するときは数字の前におきます。一方声に出して読むときは例文同様に数字の後におきます。

ハルガ　　イニ　　ドゥラバン　　リブ　　リマ　ラトゥス　ルピア
例 Harga ini delapan ribu lima ratus rupiah.
　　　値段　　この　　8　　　千　　5　　百　　ルピア

この値段は 8,500 ルピアです。　＊数字の句切りには、「,（カンマ）」ではなく「.（ピリオド）」を使います。

こんな場面で使います

ケース1

A

<ruby>Berapa<rt>ブラパ</rt></ruby> <ruby>harga<rt>ハルガ</rt></ruby> <ruby>tikét<rt>ティケッ（ト）</rt></ruby> <ruby>keréta<rt>クレタ</rt></ruby>
<ruby>bandara?<rt>バンダラ</rt></ruby>

空港鉄道の運賃はいくらですか？

keréta bandara「空港鉄道」は2017年12月以降、ジャカルタ中心部とスカルノハッタ空港を40分でつないでいます。

B

<ruby>Dari<rt>ダリ</rt></ruby> <ruby>bandara<rt>バンダラ</rt></ruby> <ruby>ke<rt>ク</rt></ruby> <ruby>Jakarta<rt>ジャカルタ</rt></ruby>
<ruby>tujuh<rt>トゥジュ</rt></ruby> <ruby>puluh<rt>プる</rt></ruby> <ruby>ribu<rt>リブ</rt></ruby> <ruby>rupiah.<rt>ルピア</rt></ruby>

空港からジャカルタへは70,000ルピアです。

＊ dari ... ke　〜から…へは

70.000 ルピア

ケース2

A

<ruby>Anda<rt>アンダ</rt></ruby> <ruby>umur<rt>ウムル</rt></ruby> <ruby>berapa?<rt>ブラパ</rt></ruby>

あなたは何歳ですか？

年齢をたずねるときは、名詞umur「年齢」を用います。また、名詞tahun「歳」は、質問の文では省略しています。

B

<ruby>Saya<rt>サヤ</rt></ruby>　<ruby>18<rt>ドゥらパンブらス</rt></ruby>　<ruby>tahun.<rt>タフン</rt></ruby>

私は18歳です。

プラス **α**

いくつ〜？

　数量に関わる助数詞に berapa を用い「何個ルアック・コーヒを買ったのか？」をたずねます。数量に関する表現で、名詞の前におかれて語順が日本語と同じであることに注意してください。

例 <ruby>Berapa<rt>ブラパ</rt></ruby> <ruby>bungkus<rt>ブンクス</rt></ruby> <ruby>kopi<rt>コピ</rt></ruby> <ruby>luak<rt>るアッ（ク）</rt></ruby> <ruby>dia<rt>ディア</rt></ruby> <ruby>beli?<rt>ブリ</rt></ruby>

彼は、いくつルアック・コーヒーを買いましたか？

＊ kopi luak は、野生のジャコウネコのふんから取れる、未消化のコーヒー豆を洗浄・乾燥・焙煎して作られるコーヒーです。かなり希少な物で高値で取引されます。

どうして～ですか？

理由を聞くときや、事情を説明するときなどに使えます。

クナパ キタ ハルス ナイク クレタ イニ
Kenapa kita harus naik keréta ini?

| 疑問詞 | 主語 人称代名詞 | 助動詞＋動詞 助動詞 動詞 | 目的語（名詞＋指示代名詞） 名詞 指示代名詞 |

どうして 私たちは、 この 電車に 乗らないと いけないのですか？

ちょっとだけ文法1 　疑問詞 kenapa と助動詞 harus

kenapa「なぜ」は、理由や事情をたずねる際の疑問詞です。これは、平叙文の文頭におき、一緒に助動詞harusを主語の後におくと「なぜ～しなければならないのか」という意味になります。

クナパ ユスフ ハルス ミヌム オバッ（ト）
例 Kenapa Yusuf harus minum obat?

なぜ　　ユスフ　～しなければならない　飲む　　薬

どうしてユスフは、薬を飲まなければならないんですか？

ちょっとだけ文法2 　karena「なぜなら～だからです」

kenapaを使った質問の返事としては、karena「なぜならば～だ」を、事情を説明する文の頭に置いて使います。

カルナ ディア サキッ（ト）
例 Karena dia sakit.　　　なぜなら彼は病気だからです。

なぜなら　彼　病気

このkarenaは、2つの文をつなぐ接続詞としても使えます。その場合は「～なので」となります。次の例文は、2つの文をkarenaで1つの文にしたものです。

ユスフ ハルス ミヌム オバッ（ト） カルナ サキッ（ト）
例 Yusuf harus minum obat karena sakit.

ユスフ　～しなければならない　飲む　　薬　　　～なので　　病気

ユスフは病気なので、薬を飲まなければなりません。

こんな場面で使います

ケース 1

A

ムガパ　　　サヤ　　　ハルス　　　マンピル
Mengapa saya harus mampir
ディ　　マニー　　　チェンジャー　　シニ
di money changer sini?

なぜ私は、ここの両替所に寄らないと
いけないのですか？

日常会話ではkenapaがよく使われていますが、類似の疑問
詞mengapaに置き換えることも可能です。

B

カルナ　　　ディ　シニ　　　クルスニャ　　　バグス
Karena di sini kursnya bagus.

なぜなら、ここはレートがいいからです。

ケース 2

A

クナパ　　　キタ　　ハルス　　ナイク
Kenapa kita harus naik
ビス　イニ
bus ini?

どうして私たちはこのバスに乗らないといけないんですか？

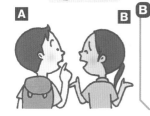

B

スバッ（ブ）　ティダッ（ク）　アダ　らギ　ビス
Sebab tidak ada lagi bus
ムヌジュ　　　ホテる
menuju hotél.

（なぜなら）ホテルへ向かうバスは、もう無いからです。

sebab も karena と同じように使えます。

プラス**a**

tidak ada lagi「もはや〜無い」の使い方
　　tidak ada lagi「もはや〜無い」は、動詞 ada「ある、いる」に否定詞 tidak、副詞
lagi「さらに、再び」が付いた表現です。
　　「無い、いない」対象の名詞は tidak ada lagi の後に入れます。ケース2の文で
は bus menuju hotél「ホテルへ向かうバス」が名詞です。

〜時です

時刻を伝えたり、たずねる際に使える表現です

Sekarang jam satu tiga puluh.

<small>スカらん　　　　ジャム　　サトゥ　　ティガ　　プる</small>

時＋1＋30（1時30分）

副詞　　　　　　　　名詞　　　数詞　　　　　　　　数詞

今は1時30分です。

ちょっとだけ文法1　　時刻を表す表現

時刻を表すときは、jamという語の後に数詞を付けます。「1時」なら jam satu、「1時30分」なら jam satu tiga puluhになり、この場合「分」に当たる語は省略されています。「1時」は日本語と語順が逆転していますが、「30分」のほうは数量と考えられて日本語と同じ語順になります。

例 **Sekarang jam sembilan lima belas pagi.**
　　<small>スカらん　　ジャム　スンビらん　　りマ　プらス　パギ</small>
　　今　　　〜時　　9　　　　15　　　午前

今は午前9時15分です。

＊その時刻が午前か午後かを明示したい場合、pagi「朝」、siang「昼」、soré「夕方」、malam「夜」を時刻の後につけます。午後は3パターンあるので、時間帯によって使い分けが必要です。（→ p.40-41）

ちょっとだけ文法2　　疑問詞 berapa を使って時刻をたずねる

時刻をたずねる際は、疑問詞 berapa を jam の後に付けます。

例 **Sekarang jam berapa?**　　今何時ですか？
　　<small>スカらん　　ジャム　ブらパ</small>
　　今　　　〜時　　何

Kira-kira jam berapa Anda pergi ke mal?
<small>キラ　キラ　ジャム　ブらパ　アンダ　プルギ　ク　モル</small>
約　　　　〜時　　何　　あなた　　行く　〜へ　モール

何時ごろあなたはモールへ行きますか？

＊大まかな時刻を表現したいときは副詞 kira-kira「約、おおよそ」を jam の前におきます。

84

ケース1

A

チェック イン ジャム ブラパ
Chéck-in jam berapa?

チェックインは何時ですか？

B

ダリ ジャム ドゥア シアん
Dari jam 02.00 siang.

午後2時からです。

午後2時（jam dua siang）を記号で表すと上記のようになります。読み方は同じですが、文字より記号を用いて書き出すほうが一般的です。

ケース2

A

ジャム ブラパ トコ イニ トゥトゥッ（プ）
Jam berapa toko ini tutup?

何時にこの店は閉店するの？

B

ジャム ストゥンガ ウナム ソレ
Jam setengah enam soré.

午後5時半です。

日常会話では、jamの後にsetengah「半分、1/2」をおき、5時半に30分足した数字enam「6」を続けます。このjam setengah enamで6時に30分足りない「5時半」になります。初心者は、無理せずシンプルにjam lima tiga puluh「5時30分」と言いましょう。

プラスa

レワッ（ト） クラん
léwat, kurang を使った時刻の表し方

時刻の言い方には、ほかに次のような言い方も使われています。

例 Jam 07.08 = Jam tujuh léwat delapan menit　　7時8分

＊「〜過ぎ」を意味する léwat を用いた丁寧な言い方です。この場合「〜分」に当たる menit を数字の後に付けます。

例 Jam 03.50 = Jam empat kurang sepuluh　　4時10分前

＊もともと「足りない」を意味する kurang を jam empat「4時」の後において sepuluh「10」を続けると、「4時に10分不足＝10分前＝3時50分」になります。会話では、しばしば menit を省略します。

〜時間…しました

どのぐらい時間がかかるのか話したり、たずねたりするときに使います

イブ	ブアッ(ト)	バソ	イニ	キラ	キラ	サトゥ	ジャム

Ibu buat bakso ini kira-kira satu jam.

主語		目的語		時間			
名詞	動詞	名詞	指示代名詞	副詞		数詞	名詞

母は この バソを 約1時間で 作ります。

*バソ：インドネシア の肉団子

ちょっとだけ文法1

〈数字＋jam〉「〜時間」

時間の長さを表す場合にもjamを用います。数字の後にjamを付ければ「〜時間」という言い方になります。数量がからむと語順が日本語と同じになります。

ムレカ	イスティラハッ(ト) ドゥア	ジャム	ディ	カフェ

例 **Meréka istirahat 2 jam di kafé.**

彼ら	休む	2	時間	〜で	カフェ

彼らはカフェで2時間休んでいます。

＊ dua jam を記号で表記すると2 jam になります。

ちょっとだけ文法2

berapa jam「何時間〜ですか？」

「何時間〜ですか？」とたずねる際の表現は、berapa jamです。〈数字＋jam〉の語順と同様に、疑問詞berapaの後にjamを付けます。つまり時刻をたずねる際に用いるjam berapaとは語順が逆転しています。

ブラパ	ジャム	ブルナん	ディ らウトゥ

例 **Berapa jam berenang di laut?**

何	時間	泳ぐ	〜で	海

何時間、海で泳いだのですか？

＊日常会話では「あなた」にあたる主語をよく省略します。

カリアン	ブらジャル	キラ	キラ	ブラパ	ムニッ(ト)

Kalian belajar kira-kira berapa menit?

君たち	勉強する	約		いくつ	分

君たちは、何分間くらい勉強していたんですか？

＊ berapa jam の jam を menit に変えると、「何分ですか？」になります。

こんな場面で使います

ケース 1

A

ダリ　　　ジャカルタ　　　サンパイ　　　ボゴール
Dari Jakarta sampai Bogor
ブラパ　　　ジャム　　　ドゥガン　　　モビる
berapa jam dengan mobil?

ジャカルタからボゴールまでは、車で何時間ですか？

dari... sampai...「～から…までは」を使います。空白部分には、場所だけではなく時刻を入れることも可能です。
[例] dari jam 02.00 siang sampai jam 06.00 malam.
　　　午後2時から午後6時まで

B

マカン　　　ワクトゥ　　　キラ　　　キラ　　　ティガ　　　ストゥンガ　　　ジャム
Makan waktu kira-kira tiga setengah jam.

約3時間半かかります。

ケース 2　　**A**

ババッ（ク）　　ナイク　　　クレタ
Bapak naik keréta
ブラパ　　　ムニッ（ト）
berapa menit?

あなたは何分間電車に乗っているんですか？

B

ムンキン　　　スプる　　　ムニッ（ト）
Mungkin sepuluh menit.

たぶん10分かな。

mungkinは「たぶん、おそらく」という語で、推測に基づいて何か話すときに使います。

プラス **a**

〈makan + waktu〉で時間の長さ（量）を表す

　動詞 makan「食べる」に、抽象的な「時間、時」を意味する waktu と合わせると「時間を食う＝時間がかかる」になります。

　また setengah「半分、1/2」は時刻で「～時半」と表現する際に用いた語ですが、ここでは tiga jam「3時間」に setengah jam「0.5時間」が足されて tiga setengah jam「3.5時間＝3時間半」という時間の長さ（量）を示す語として使われています。

〜は（すでに）…した

過去の事柄について語るときは、この表現が重要です。

ディア　　　　スダ　　　　チュチ　　　ハンドゥッ（ク）

Dia sudah cuci handuk.

主語　　　　助動詞＋動詞　　　　目的語
人称代名詞　　助動詞　　　動詞　　　名詞

彼女は タオルを （もう） 洗いました。

ちょっとだけ文法1　　過去を表す助動詞 sudah, telah

　インドネシア語には時制がなく、動詞は変化しません。そこで過去の事柄について話すときは、助動詞sudahを用いて過去の事柄であることを明確にします。通常、助動詞は主語と動詞の間におかれます。telahはsudahと同じ意味の助動詞です。日常会話ではsudahを使うことが多いのですが、文章やフォーマルな会話だとtelahを使う傾向があります。

例 **Kita telah makan rendang.**
　　キタ　トゥら　マカン　　るんだん
　　私たち　もう　食べる　　ルンダン

　私たちはルンダンを食べました。

＊「ルンダン」はインドネシア料理の1つです（→ p.103）。

ちょっとだけ文法2　　助動詞 sudah, pernah を含む疑問文

　sudahと同じように過去に起きた事柄について表現するための助動詞にpernahがあります。pernahは「かつて〜したことがある」という意味です。sudahの後に続けて、sudah pernahとして使うことも可能です。

例 **Kita pernah makan rendang.**
　　キタ　ブルナ　マカン　　るんだん
　　僕たち　〜したことがある　食べる　　ルンダン

　僕たちはルンダンを食べたことがあります。

Meréka sudah pernah berlibur ke Bali.
ムレカ　スダ　ブルナ　ブルリブる　ク　バリ
彼女たち　すでに　〜したことがある　旅行する　〜へ　バリ

彼女たちはバリへ旅行したことがあります。

こんな場面で使います

ケース1

A

サチカ　　　ダン　　テツロー
Sachika dan Tétsuro,
スダ　　マカン　　パギ
sudah makan pagi?

サチカとテツロー、朝ごはん食べた？

助動詞を含む文を疑問文にするときは、そのまま文末を上がり調子に言います。
ただし日常会話では、主語を省略しそれらの助動詞を文頭においた表現のほうがよく使われます。
［例］Sudah makan pagi?　朝ごはん食べた？

B

スダ　　　ヤー　　スダ
Sudah (Ya, sudah).

食べました（はい、食べました）。

sudahに対する否定回答は、tidakより「まだです」と訳せる助動詞belum（→p.108）が合います。

ケース2

A

ブサワッ（ト）　　　　　トゥルバン　　　トゥら
Pesawat terbang telah
ティバ　ディ　　スラバヤ　　　ジャム
tiba di Surabaya jam
りマ　　　ウエーイーペー
05.00 WIB.

飛行機は、西部インドネシア時間5時に
スラバヤに着きました。

WIB　西部インドネシア時間（→p.38）

B

サヤ　　　スナん　　　りブラン　　ディ　　シンガプーラ　　　ミングー　　　らるー
Saya senang liburan di Singapura minggu lalu.

私は先週、シンガポールでの休暇を楽しみました。

インドネシア語では、特定の副詞を入れることでも過去形になります。ここではminggu lalu「先週」が使われています。そのほかにもさまざまな表現があります（→p.208-209）。

〜しています

今現在の事柄、これから行う事柄について語るときに重要な表現です。

アヤ　　　スだん　　バチャ　　コラン

Ayah sedang baca koran.

主語	助動詞＋動詞		目的語
名詞	助動詞	動詞	名詞

父は 新聞を 読んで います。

ちょっとだけ文法 1　　　助動詞 sedang（スだん）と現在進行形

動詞を含む文を現在進行形にしたいときは、助動詞sedangを主語と動詞の間におきます。

プらヤン　　　　スだん　　ピチャラ　　ドゥガン　　　タム　　　タム
例 **Pelayan sedang bicara dengan tamu-tamu.**
　　店員　　　〜している　　話す　　　　〜と　　　　お客さんたち

店員は、お客さんたちと話しています。

＊ tamu-tamu のように、意味が同じ2つの名詞 tamu「客」の間に記号ハイフン (-) を入れてつなぐと複数表現になります。

ちょっとだけ文法 2　　　助動詞 akan（アカン）と未来形

これから先の事柄を行う場合に必要な助動詞としてakanがあります。akanを主語と動詞の間におくことで「〜する予定です／するでしょう」という未来形に変わります。

ダスりる　　ダン　インドリ　アカン　　プらん　　　ダリ　　ホんコん
例 **Dasril dan Indri akan pulang dari Hongkong.**
　ダスリル　〜と　インドリ　〜するでしょう　帰る　　〜から　　香港

ダスリルとインドリは香港から帰る予定です。

キタ　　マウ　　ムニカ　ディ　グレジャ
Kita mau menikah di geréja.　　　私たちは教会で結婚
　私たち　〜するつもり　結婚する　〜で　教会　　　するつもりです。

＊ akan の代わりに、助動詞 mau を使うことも可能です。第5課(→ p.74)では「〜したい」という意味ですが、ここでは「〜するつもりです」という意味でも用いられます。

こんな場面で使います

ケース1

A

<ruby>Lagi<rt>らギ</rt></ruby> <ruby>télépon<rt>テれポン</rt></ruby> <ruby>siapa?<rt>シアパ</rt></ruby>

だれに電話しているの？

B

<ruby>Réstoran.<rt>レストラン</rt></ruby>
<ruby>Lagi<rt>らギ</rt></ruby> <ruby>pesan<rt>プサン</rt></ruby> <ruby>makan<rt>マカン</rt></ruby> <ruby>siang.<rt>シアん</rt></ruby>

レストラン。お昼ごはん注文しているの。

日常的な会話のときは、主語は省略されています。

ケース2

A

<ruby>Dia<rt>ディア</rt></ruby> <ruby>akan<rt>アカン</rt></ruby> <ruby>pulang<rt>プらン</rt></ruby>
<ruby>malam-malam<rt>マらム マらム</rt></ruby> <ruby>lagi?<rt>らギ</rt></ruby>

彼女はまた夜遅く帰ってくるのですか？

malam が重なることで「夜」が強調され、「夜遅く」というニュアンスになります。最後の lagi は副詞です。

B

<ruby>Ya,<rt>ヤー</rt></ruby> <ruby>dia<rt>ディア</rt></ruby> <ruby>lagi<rt>らギ</rt></ruby> <ruby>sibuk<rt>シブッ（ク）</rt></ruby> <ruby>di<rt>ディ</rt></ruby> <ruby>kantor.<rt>カントル</rt></ruby>

うん、彼女は会社で忙しいのよ。

ここの lagi は、現在進行形を表す助動詞です。

プラス α

lagi には副詞と助動詞、両方の使い方がある

　日常会話では、sedang と意味が同じ lagi をよく使います。ただし lagi は副詞「さらに、再度」という意味もあり、使い方に注意が必要です。
　基本的に助動詞として使うなら動詞の前、副詞なら動詞の後におきます。例えば主語が略された日常会話では次のようになります。

　例 ［助動詞として］<ruby>Lagi<rt>らギ</rt></ruby> <ruby>makan.<rt>マカン</rt></ruby>　食べているんだ。
　　　　［副詞として］　<ruby>Makan<rt>マカン</rt></ruby> <ruby>lagi.<rt>らギ</rt></ruby>　また食べるんだ。

〜する必要があります

何らかの必要や義務に基づく行為を説明する際に使います。

カミ　ブルるー　バグン　ジャム　スプる　バギ

Kami perlu bangun jam 10 pagi.

主語 ── 助動詞＋動詞 ── 名詞＋数詞＋名詞

人称代名詞　助動詞　動詞　名詞　数詞　名詞

私たちは 午前 10 時に 起きる 必要がある。

ちょっとだけ文法1　perlu「〜する必要がある」

動詞の前にperluをおくと「〜する必要がある」になります。

イブ　タティ　ブルるー　ブアツ(ト)　ナシ　ゴれん

例 Ibu Tati perlu buat nasi goréng.

〜さん　タティ　〜する必要がある　作る　ナシゴレン

タティさんは、ナシゴレンを作る必要があります。

＊ buat「作る」はこの場合、「料理する」の日常表現です。

ちょっとだけ文法2　助動詞 harus「〜しなければならない」

義務の助動詞harusは、動詞の前におくと「〜しなければならない」となり、perluよりニュアンスが強くなります。

ババッ(ク)　ハルス　ウルス　フィサ

例 Bapak harus urus visa.

あなた　〜しなければならない　手続き　ビザ

あなたは、ビザの手続きをしなければなりません。

カカッ(ク)　サヤ　ムスティ　クるアル　ダリ　シニ

Kakak saya mesti keluar dari sini.

姉　私の　〜しなければならない　外へ出る　〜から　ここ

私の姉はここから出なければならない。

＊ mesti は harus と意味が同じ助動詞ですが、通常会話でのみ使われています。

＊ kakak は年上の兄弟姉妹を表す名詞（兄と姉）であると同時に、20歳代独身男女に対する「あなた」を意味する人称代名詞にもなります。どちらの意味で使うかは、話の内容や前後関係で判断します。

こんな場面で使います

ケース 1

A

<ruby>Anda<rt>アンダ</rt></ruby> <ruby>perlu<rt>プルるー</rt></ruby> <ruby>berobat<rt>ブルオバッ（ト）</rt></ruby> <ruby>ke<rt>ク</rt></ruby> <ruby>klinik.<rt>クリニッ（ク）</rt></ruby>
Anda perlu berobat ke klinik.

あなたは診療所へ治療に行く必要があるわ。

B

<ruby>Tidak<rt>ティダッ（ク）</rt></ruby> <ruby>perlu.<rt>プルるー</rt></ruby>
Tidak perlu.

必要ないよ。

「〜は必要ない」という場合、perluの前に否定詞tidakをおきます。tidak perluと同じように、tidak usahも日常的に「必要がない」として使われます。ただし、tidak usahは否定表現しかなく、usahのみで使われることはありません。

ケース 2 **A**

<ruby>Saya<rt>サヤ</rt></ruby> <ruby>ingin<rt>イギン</rt></ruby> <ruby>makan<rt>マカン</rt></ruby> <ruby>di<rt>ディ</rt></ruby>
Saya ingin makan di
<ruby>réstoran.<rt>レストラン</rt></ruby>
réstoran.

私はレストランで食事をしたいのです。

B

<ruby>Kalau<rt>カらウ</rt></ruby> <ruby>begitu,<rt>ブギトゥ</rt></ruby> <ruby>harus<rt>ハルス</rt></ruby> <ruby>pesan<rt>プサン</rt></ruby>
Kalau begitu, harus pesan
<ruby>dulu.<rt>ドゥる</rt></ruby>
dulu.

それなら、先に予約しておかなければ。

副詞dulu は「まず、先に」を意味します。

ミニテスト

次の文を日本語に訳してください。

① <ruby>Mas<rt>マス</rt></ruby> <ruby>Chandra<rt>チャンドラ</rt></ruby> <ruby>tidak<rt>ティダッ（ク）</rt></ruby> <ruby>usah<rt>ウサ</rt></ruby> <ruby>keluar<rt>クルアル</rt></ruby> <ruby>dari<rt>ダリ</rt></ruby> <ruby>sini.<rt>シニ</rt></ruby>

② <ruby>Kenapa<rt>クナパ</rt></ruby> <ruby>Ibu<rt>イブ</rt></ruby> <ruby>Sari<rt>サリ</rt></ruby> <ruby>mesti<rt>ムスティ</rt></ruby> <ruby>berobat<rt>ブルオバッ（ト）</rt></ruby> <ruby>ke<rt>ク</rt></ruby> <ruby>klinik?<rt>クリニッ（ク）</rt></ruby>

解答 ①チャンドラさんはここから出る必要はない。

②どうしてサリさんは、診療所へ治療に行かなければならないの？

いつ〜するのですか？

漠然と時期についてたずねたいときと、それに対し明確に答える表現です。

Kapan Madé tahu berita itu?

カバン　マデ　タウ　ブリタ　イトゥ

	主語		目的語	
疑問詞	名詞	動詞	名詞	指示代名詞

いつ　マデは　その　ニュースを　知ったんですか？

ちょっとだけ文法1　　「いつ〜するのですか？」

ある事柄がいつ行われるのかをたずねるときは、kapanを文頭において表現します。

例 **Kapan dia pergi ke konsér?**
カバン　ディア　ブルギ　ク　コンセル
いつ　彼女　行く　〜へ　コンサート

いつ彼女はコンサートへ行くんですか？

Kapan kalian mau diskusi di kampus?
カバン　カリアン　マウ　ディスクシ　ディ　カンプス
いつ　君たち　〜するつもり　ディスカッションする　〜で　大学

いつ君たちは大学でディスカッションするつもりだい？

ちょっとだけ文法2　　日付などの答え方

「いつ」と聞かれた場合の答え方は、その状況によりさまざまです。ここでは年月日などを中心に答え方を学びます。

例 **Kapan ulang tahun Anda?**
カバン　ウらん　タフン　アンダ
いつ　誕生日　あなたの

あなたの誕生日はいつですか？

Tanggal 2 bulan Séptémber tahun 2011.
タンガル　ドゥア　ブらン　セプテンブル　タフン　ドゥアリブスブらス
日　2　9月　年　2011

2011年9月2日です。

＊日付は、〈tanggal「日」＋数字〉の語順で表します。同様に年号も〈tahun「年」＋数字〉のように、語順は日本語と逆です。また、「○年○月○日」は日本語とは逆の順番です。

ケース1

A
ハリ　　アパ　　バッ(ク)　　ダダン　　ビチャラ　　ドゥガン　　アンダ
Hari apa Pak Dadang bicara dengan Anda?

何曜日にダダンさんはあなたと話したんですか？

kapanの代わりに、疑問詞apaとhariを用いるhari apa「何曜日」を使うと、「何曜日に〜？」という聞き方になります。

B
ハリ　　ラブ
Hari Rabu.

水曜日です。

日常会話ではhariを省略し、Rabu「水曜」だけで答えることもよくあります。

ケース2

A
ブラン　　アパ　　ムレカ　　アカン
Bulan apa meréka akan
ナイク　　グヌん　　フジ
naik gunung Fuji?

何月に彼らは富士山に登る予定なんですか？

kapanの代わりに疑問詞apaとbulanを用いるbulan apa「何月」を使うと、「何月に〜？」という聞き方になります。

B
アプリる
April.

4月です。

日常会話では「月」を意味するbulanを省略します。曜日、月などに関する表現はふろく（→p.216）を参照。

プラス**a**

疑問詞 berapa を使って日付や年号をたずねる

tanggal berapa「何日に」を使うと、「何日に〜？」という聞き方になります。
　例 Tanggal berapa saya perlu kontak Saudara?
タンガる　　ブラパ　　サヤ　　ブルるー　　コンタッ(ク)　　ソウダラ
　　何日に、私は君に連絡する必要がありますか？

tahun berapa「何年に」を使うと、「何年に〜？」という聞き方になります。
　例 Tahun berapa kalian menikah?　何年に君たちは結婚するんだい？
タフン　　ブラパ　　カリアン　　ムニカ

反対に berapa tahun は、「何年（間）」という期間を聞いていることになります。
　例 Berapa tahun kalian menikah？　何年間君たちは結婚しているんだい？
ブラパ　　タフン　　カリアン　　ムニカ

どこで〜／どこへ〜／どこから〜

場所に関してたずねたいときに使います。

イブ　ティンガる　ディ　マナ
Ibu tinggal di mana?

主語　　　　　　　　　　　　疑問詞
人称代名詞　　　　　動詞　　　前置詞　疑問詞

あなたは どこ に お住まいですか？

ちょっとだけ文法1　　疑問詞 di mana「どこで？／どこに？／どこの？」

疑問詞 di mana は、もともと疑問詞 mana「どこ、どれ」の前に場所を表す前置詞 di が付いたものです。疑問詞の位置は必ずしも文末とは限らず、主語の前におくことも可能です。

ナンティ　　マらム　　ティドゥル　ディ　マナ
例 Nanti malam, tidur di mana?　　今晩、どこで寝るつもりなの？
　　今晩　　　　　　寝る　　どこで

＊nanti malam は、夕方までの時点において、これから先の夜を言うときの「今晩」です。

ディ　マナ　イア　シンパン　　プルマタ　イトゥ
Di mana ia simpan permata itu?
　どこに　彼女　しまう　　宝石　　あの

彼女は、どこにあの宝石をしまったんですか？

ちょっとだけ文法2　　ke mana「どこへ？」、dari mana「どこから？」

di mana と同じように、場所前置詞の ke や dari が mana に付いて使われている、ke mana「どこへ」や dari mana「どこから」もあります。

パッ(ク)　シホンビン　　　ブルスペダ　　ク　マナ
例 Pak Sihombing bersepéda ke mana?
　〜さん　シホンビン　　自転車に乗る　　どこへ

シホンビンさんは、自転車に乗ってどこへ行くんですか？

＊ke mana の位置を文頭にすると、Ke mana Pak Sihombing bersepéda?「どこへシホンビンさんは、自転車に乗って行くんですか？」となります。

こんな場面で使います ケース1

A

タディ　シアん　バスキ　マカン　ディ　マナ
Tadi siang, Basuki makan di mana?

今日の昼、バスキはどこで食べたの？

tadi siangは、夕方以降の時点で過去を振り返って
言う「今日の昼」です。

B

ブジャセラ
Pujaséra.
アク　スカ　カルナ　エナッ（ク）
Aku suka karena énak.

屋台街だよ。おいしいから僕は好きなんだ。

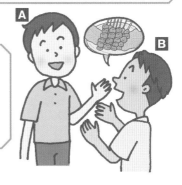

＊pujaséra　屋台街（→p.154, p.158参照）

ケース2

A

ダリ　マナ　ムレカ　ナイク　ビス
Dari mana meréka naik bus
バリウィサタ
pariwisata?

どこから彼女たちは観光バスに乗ったんですか？

＊pariwisata　観光

B

ダリ　トゥルミナル　ビス
Dari terminal bus.

バスターミナルからです。

ケース3

A

ビス　イニ　ムヌジュ　ク　マナ
Bus ini menuju ke mana?

このバスはどこへ向かっているんですか？

＊menuju　〜へ向かう

B

ク　モナス
Ke Monas.

モナスです。

Monasは Monumén Nasional「国家記念碑」の略称で、首都
ジャカルタ中心部にある高さ137mの「独立記念塔」です。

◆ よく使われる動詞 2 ◆

belajar
勉強する

バチャ
baca
読む

ブリ
beli
買う

ブルブランジャ
berbelanja
ショッピングする

ブッ(ク)ルジャ
bekerja
働く

ビチャラ
bicara
話す

ブルリブル
berlibur
旅行する／
休暇を過ごす

チュチ
cuci
洗う

A	アジャッ(ク) **ajak**	誘う	アンビる **ambil**	取る、撮る
	バウ **bawa**	持っていく、連れていく	ブルボホン **berbohong**	嘘をつく
	ブルドア **berdoa**	祈る	ブルドゥア **berdua**	2人で一緒に
B	ブルンチャナ **berencana**	計画がある	ブルフンティ **berhenti**	止まる
	ブルクらヒ **berkelahi**	けんかする	ブルサトゥ **bersatu**	団結する、1つになる
	ブカ **buka**	開く、開ける、脱ぐ	ブアッ(ト) **buat**	作る、〜させる
C	チャリ **cari**	探す	チュリ **curi**	盗む
D	ダパッ(ト) **dapat**	もらう、できる		
G	ガウる **gaul**	付き合う	ガングー **ganggu**	邪魔する、困らせる
H	ヒトゥん **hitung**	数える		
I	イカッ(ト) **ikat**	縛る		

ドゥンガル
dengar
聞く

りハッ(ト)
lihat
見る

トゥリス
tulis
書く

ピキル
pikir
考える

ゴソッ(ク)
gosok
磨く

マサッ(ク)
masak
料理する

パカイ
pakai
着る、使う

マイン
main
遊ぶ、音楽／
スポーツをする

トゥングー
tunggu
待つ

バヤル
bayar
支払う

J	ジュアる **jual**	売る	ジュンパ **jumpa**	会う
K	キリム **kirim**	送る	クンプる **kumpul**	集まる
M	ムロコッ(ク) **merokok**	たばこを吸う		
O	オれス **olés**	塗る	オブラる **obral**	安売りする
P	ピンジャム **pinjam**	借りる	ピサ **pisah**	別れる
	プクる **pukul**	打つ、叩く、なぐる	プニャ **punya**	持っている
R	ルブッ(ト) **rebut**	奪う		
S	セワ **séwa**	賃借りする	シンパン **simpan**	しまう
T	タニャ **tanya**	たずねる	トラクティル **traktir**	おごる
U	ウンダン **undang**	招く		

99

AはBより〜です

何かについて説明しているとき、比較して話をするとわかりやすくなります。

インドネシア　るビ　バナス　ダリバダ　ジュぱん

Indonésia lebih panas daripada Jepang.

主語（比較対象A）　　　　　lebih＋形容詞＋daripada　　　　比較対象B

名詞　　　　　　　　　　　　形容詞　　　　　　　　　　　　名詞

インドネシアは、日本 に比べより 暑いです。

ちょっとだけ文法1　　優勢比較「AはBに比べより〜だ」

比較したい事柄AとBの間にlebih ... daripada/dibanding(ディバンディん)をおき、さらにその中間に比較のバロメーターになる形容詞を入れて「AはBに比べより〜だ」という優勢比較の文ができます。

ディア　るビ　セハッ(ト)　ダリバダ　サヤ

例 Dia lebih séhat daripada saya.

彼　より〜　健康な　〜に比べ〜だ　私

彼は私に比べより健康だ。

＊会話では、lebih ... daripada を短くして、lebih ... dari として話すこともあります。

ちょっとだけ文法2　　劣勢比較「AはBに比べあまり〜でない」

優勢比較の文に対して、「AはBに比べあまり〜でない」という意味の劣勢比較の文をkurang ... dibanding/daripadaで作ることができます。AとBの間にkurang ... dibanding/daripadaをおき、その中間に比較のバロメーターになる形容詞を入れます。

マサカン　ジュぱン　クらん　ブダス　ディバンディん

例 Masakan Jepang kurang pedas dibanding

料理　　　日本　あまり〜でない　辛い　〜に比べ〜だ

マサカン　パダん

masakan Padang.　和食は、パダン料理に比べ辛くありません。

料理　　　パダン

＊ masakan Padang は西スマトラ地方で生まれた郷土料理です。

こんな場面で使います　ケース1

A

シアパ　るビ　バンダイ　マサッ（ク）　スキヤキ　ダリパダ　アンダ
Siapa lebih pandai masak sukiyaki daripada Anda?

だれがあなたに比べ、もっと上手にすき焼きを作るのですか？

この文の形容詞はpandai「上手な、うまい」なので、masak sukiyaki「すき焼きを作る」がなければ、単に「だれがあなたより上手ですか」という文です。しかしmasak sukiyakiが入ることで、「すき焼きを作る（ことにおいて）～は…より上手です」という意味になります。

B

カカッ（ク）　サヤ
Kakak saya.

私の姉です。

ケース2　**A**

アチャラ　ティフィ　イニ　るビ　バグス
Acara TV ini lebih bagus
ディバンディん　フィるム
dibanding film?

このテレビ番組は、映画より素晴らしいですか？

そのまま文末を上がり調子で言えば疑問文になります。
＊Acara TV　テレビ番組

B

ヤー　アチャラ　イニ　るビ　バグス　ヤー
Ya, acara ini lebih bagus ya.

ええ、この番組のほうが素晴らしいですよね。

この文章では、TVやdaripadaを省略しています。
最後のyaは「はい」を意味する文頭のyaとは異なり、「～ですよね」を意味する付加疑問詞的なyaです。

スパイスが豊かに香るインドネシア料理

　古来インドネシアは、クローブやナツメグなど世界有数のスパイス生産地でした。このようなスパイスに加え、熱帯ならではの多様な食材を用いるインドネシア料理はじつに多彩です。例えば Masakan Padang や Nasi Padang と呼ばれる西スマトラのパダン料理は、さまざまなスパイスとともに唐辛子をふんだんに使う料理として知られています。

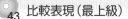

A はいちばん〜です

自分が最も自信のある事柄を説明するときに使いましょう。

サヤ　パりん　ティンギ　ディ　クらス
Saya paling tinggi di kelas.

主語	副詞＋形容詞	前置詞＋名詞
人称代名詞	副詞　形容詞	前置詞　名詞

私は、クラス で いちばん 背が高いです。

ちょっとだけ文法1　　最上級「いちばん〜」〈paling ＋形容詞〉

副詞palingを形容詞の前におくと「いちばん〜」という言い方になります。相手を賞賛する際にも使えます。

アナッ(ク)　イブ　パりん　ピンタル　ディ　スコら
例 Anak Ibu paling pintar di sekolah.

子ども　あなたの　いちばん　優秀な　〜で　学校

あなたのお子さんは、学校でいちばん優秀です

ちょっとだけ文法2　　最上級「いちばん〜な」〈接頭辞 ter ＋形容詞〉

最上級的表現は、〈接頭辞ter＋形容詞〉でも可能です。例えば次の2つの表現は意味が同じです。

paling pintar = terpintar (トゥルピンタル)	paling banyak = terbanyak (トゥルバニャッ(ク))
最優秀の	最多の
paling pandai = terpandai (トゥルパンダイ)	paling cepat = tercepat (トゥルチュパッ(ト))
最も上手な	最速の

しかし、すべての形容詞にterがつくとは限りません。また、文法的につくことが可能でも日常会話で用いられているとは限りません。
例えばlambat「遅い」の場合、Aku terlambat. では「ぼくは遅刻した」になり、Aku paling lambat. では「僕はいちばん遅い」と意味が違ってきます。会話で使う場合は、palingを用いたほうが確実です。

102

こんな場面で使います

ケース 1

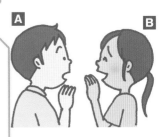

A

アセー　カマル　イニ　パリん　ディギン
AC kamar ini paling dingin
ディ　ルマ
di rumah?

この部屋のエアコンが、家でいちばん冷えているの？

〈paling ＋形容詞 dingin〉「冷えた」の構文です。

B

ティダッ（ク）　アセー　カマル　イニ　クラん
Tidak, AC kamar ini kurang
ディギン　ディバンディん　カマル　アヤ
dingin dibanding kamar ayah.

いいえ、この部屋のエアコンは父の部屋に比べ
あまり冷えていません。

kurang … dibanding は劣勢比較文です。

A **B**

ケース 2

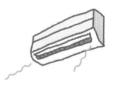

A

シンカンセン　　　パりん
Shinkansén paling
チュパッ（ト）ディ　　ジュパん
cepat di Jepang?

新幹線は日本でいちばん速いのですか？

B

ヤー　　トゥルチュパッ（ト）
Ya, tercepat.

はい、いちばん速いです。

インドネシアの伝統料理「rendan」
ルンダン

　西スマトラ地方の郷土料理であるパダン料理のなかでも rendang がおすすめ
です。牛肉をココナッツミルク・レモングラス・にんにく・ターメリックや唐辛子
などとともにゆっくりと数時間煮込んで作る料理で、角切りされた柔らかな牛肉
が、煮詰まって茶色くなったトロ味のあるソースに絡まり絶妙な味わいを醸し出
しています。ぜひ、味わってみてください。

AはBと同じくらい〜です

何かと同じくらいきれいだったり、素敵なことを表すときなどに使います。

マユミ　　　スチャンティッ(ク)　　　イブニャ

Mayumi secantik ibunya.

主語　　　　　　se＋形容詞cantik　　　名詞＋3人称代名詞diaの変形(nya)
名詞　　　　　　　　　形容詞　　　　　　　名詞

マユミは 彼女のお母さん と同じくらいきれいです。

ちょっとだけ文法1　　同等比較文

　比較表現には、これまでに学んだ優勢比較や劣勢比較とは別に、「Aは Bと同程度に〜だ」という同等比較文があります。これは、〈A＋(se＋形容詞／名詞)＋B〉という形で言い表すことができます。

ダナウ　トバ　ディ　スマトラ　　スインダ　　ダナウ　ビワ

例 Danau Toba di Sumatra seindah danau Biwa.

湖　　トバ　〜の　スマトラ　〜と同じくらいきれい　湖　　琶琶

スマトラのトバ湖は、琵琶湖と同じくらいきれいです。

＊ indah は「きれいな」という意味の形容詞ですが、これに se が付いています。日本語の 「きれい、美しい」は人（女性）にもモノにも使われますが、インドネシア語では、人に対 しては cantik、自然や建造物については indah を用います。

＊トバ湖は北スマトラ地方のカルデラ湖で、琵琶湖の2倍の広さがあります。

ムレカ　　　スウムル　　　オラん　トゥア　サヤ

Meréka seumur orang tua saya.　　彼らは、私の両親
と同じ年齢です。

彼ら　〜と同じ年齢　　両親　　私の

＊〈se＋名詞 umur「年齢」〉、se の後につく語はほぼ形容詞ですが、一部名詞がつくこと もあります。

ちょっとだけ文法2　　同等比較文の否定

同等比較文を否定するときは、否定詞tidakを用いてください。

パッ(ク)　アミル　ティダッ(ク)　スウムル　アンダ

例 Pak Amir tidak seumur Anda.

〜さん　アミル　〜でない　〜と同年齢　あなた

アミルさんは、あなたと同じ年齢ではありません。

こんな場面で使います

ケース1

A

パッ（ク）　アミル　　スウムル　　サヤ
Pak Amir seumur saya?

アミルさんは私と同じ年齢ですか？

同等比較文を疑問文にしたいときは、文末を上がり調子に言います。

B

ティダッ（ク）　ディア　　るビ　　トゥア　　ディバンディん　　アンダ
Tidak, dia lebih tua dibanding Anda.

いいえ、彼はあなたより年上です。

ケース2

A

アパカ　　　テ　イニ　スパヒッ（ト）　テ
Apakah téh ini sepahit téh
ヒジャウ　ディ　　ジュパン
hijau di Jepang?

このお茶は日本の緑茶と同じくらい苦いですか？

sepahitは〈se＋形容詞pahit「苦い」〉から構成されています。

B

トゥルス　　トゥラん
Terus terang,
サヤ　　ジュガ　ティダッ（ク）　タウ
saya juga tidak tahu.

正直言うと、私も知らないんです。

聞かれてもわからない、答えられない事柄もあるでしょう。その際は、率直に「知らない」tidak tahuを使います。語根動詞tahu「知っている」は決して［タフ］と発音しないでください。tahu［タフ］だと名詞の「豆腐」になってしまいます。

右手を使って器用に食べるのが一般的

　インドネシアの主食は米なので、ごはんを盛りつけた自分のお皿に、食卓の上の各料理を盛ったお皿から、自分の好きなおかずを移し、ごはんに混ぜながら一緒に食べるのが一般的な食事の仕方です。

　右手の指先を器用に動かしてごはんとおかずを口元に運んで食べます。ただ最近では、左手にフォーク、右手にスプーンを持って食べるのも普及しています。

〜ができます

自分ができることを話したり、相手の承諾を得たい場合などに使う表現です。

パマン　　　ビサ　　　　　　　ムンプルバイキ　　　　モビる
Paman bisa memperbaiki mobil.

主語	助動詞	動詞	目的語
名詞			名詞

叔父は 自動車を 修理 できます。

ちょっとだけ文法 1　　助動詞 bisa 「〜できる、可能である」

助動詞bisaを主語と動詞の間におくと、「〜できる、可能である」という表現になります。

カム　　ビサ　クるアル　　コタ　ベソッ(ク)
例 Kamu bisa keluar kota bésok?

君　〜できる　出張する　　明日

君は明日、出張できますか？　　　　　　　　　* keluar kota：出張する、遠出する

ちょっとだけ文法 2　　助動詞 boléh 「〜してよい」

boléhは許可を意味する助動詞です。主語と動詞の間におくと「〜してよい」という文になります。

ババッ(ク)　ババッ(ク)　　ボれ　バカイ　メジャ　メジャ　イニ
例 Bapak-bapak boléh pakai méja-méja ini.

皆さん　　　〜してよい　使う　　机　　この

皆さんはこれらの机を使用しても構いません。

ディア ティダッ(ク)　ボれ　　マカン　チョクらッ(ト)
Dia tidak boléh makan cokelat.

彼女　〜しない　〜してもよい　食べる　チョコレート

彼女はチョコレートを食べてはいけない。

* boléh の前に否定詞 tidak がある tidak boléh は「〜してはならない」という意味になります。

こんな場面で使います

ケース1

B

A

ビサ　ビチャラ　バハサ　いングリス
Bisa bicara bahasa Inggris?

英語は話せますか？

bisaを用いた疑問文。文末を上がり調子に読んでください。

B

マアフ　サヤ　ティダッ（ク）　ビサ
Maaf, saya tidak bisa
バハサ　いングリス
bahasa Inggris.

すみません、ぼくは英語ができないんです。

この文にはAのような動詞bicaraはありませんが、bisaは動詞
がなくても、そのまま目的語を続けることが可能です。

ケース2

A

サヤ　ボれ　ムロコッ（ク）
Saya boléh merokok
ディ　シニ
di sini?

ここでたばこを吸って構いませんか？

もう少し強調したい場合は、boléhを文頭におく
Boléh saya merokok di sini?　があります。

B

ティダッ（ク）　ボれ
Tidak boléh.

だめです。

bisaと同じく助動詞を否定するのはtidakです。
肯定する場合は、Ya, boléh.「ええ、いいですよ。」
と答えます。

A

B

プラスα

「値段をまけてください」の言い方

　bisa の後に「不足する、足りない」という意味の kurang をつけると「値段をま
ける＝値引きする」になります。この文ではさらに sedikit「少し」という副詞が付
いています。

例 マハる　ビサ　クらン　スディキッ（ト） Mahal！ Bisa kurang sedikit?　高いなあ！　少しまけてください。

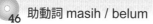

まだ〜しています

終わることなく続いている状況や、まだ実現していない事柄を表します。

ディア マシ インガッ(ト) ナシハッ(ト) サヤ
Dia masih ingat nasihat saya.

主語 ／ 目的語（名詞＋人称代名詞）

人称代名詞　助動詞　動詞　名詞　人称代名詞

彼女は まだ 私の アドバイスを 覚えています。

ちょっとだけ文法1　　助動詞 masih「まだ〜している」

動詞の前に助動詞masihをおくと、「まだ〜している」という表現になります。上記例文ではmasihの後に動詞がおかれ「まだ覚えている」という表現になっています。また名詞や形容詞がmasihの後に続くことも可能です。

キタ マシ ドゥバッ(ト) ディ ラパッ(ト)
例 **Kita masih debat di rapat.**

私たち　まだ〜です　議論する　〜で　会議

私たちは、まだ会議で議論しています。

ディア マシ マハシスワ
Dia masih mahasiswa.　彼はまだ学生です。

彼　まだ〜です　学生

＊ masih の後に名詞 mahasiswa「学生」がおかれています。

ちょっとだけ文法2　　助動詞 belum「まだ〜でない」

masihとは逆に、助動詞belumを使うと、「まだ〜でない」という言い方になります。belumも、後ろに動詞だけでなく形容詞がおかれることもよくあります。

サヤ ブるム ムガントゥッ(ク)
例 **Saya belum mengantuk.**　私はまだ眠くないです。

私　まだ〜でない　眠い

こんな場面で使います

ケース1

A

クナパ　　　　カム　　　マシ
Kenapa kamu masih

パチャラン　　　ドゥガン　　チェウェッ（ク）イトゥ
pacaran dengan céwék itu?

なんであなた、まだあの女の子と付き合ってるのよ？

＊pacaran dengan　～と交際する／céwék　若い女性

B

カルナ　　アク　　マシ　　　サヤン
Karena aku masih sayang

サマ　　ディア
sama dia.

（なぜなら）ぼくがまだ彼女を愛しているからだよ。

ここのsamaは前置詞denganと同じ「～と」を意味しますが、よりフォーマルで丁寧感のある
denganに比べ日常会話的です。ただし会話ではsamaでも省略されることが頻繁です。

ケース2

A

アンダ　　スダ　　　ブルナ　　　マカン
Anda sudah pernah makan

ドゥリアン　　　　インドネシア
durian Indonésia?

あなたは、インドネシアのドリアンを
食べたことがありますか？

B

ブルーム　　サヤ　　ブルーム　　ブルナ
Belum, saya belum pernah.

まだです、（食べたことは一度も）ありません。

sudah pernah「～したことがありますか？」（→p.88）を用
いてたずねた場合、肯定ならYa, saya sudah pernah.「は
い、あります」でよいのですが、否定する場合は通常の否
定詞tidak「いいえ」より、助動詞belum「まだです」のほう
が会話的には自然です。なお例文Bでは動詞が省略されて
います。

109

〜があります

動詞adaは、会話では頻繁に用いる表現です。

アダ　　ティガ　　ブア　　　　　カバる　　　ディ　　　　プらブハン
Ada 3 buah kapal di pelabuhan.

主語 _____ 前置詞＋名詞 _____

動詞　　数詞　　助数詞　　　　名詞　　　前置詞　　　　名詞

3隻の 船 が 港 に あります。

ちょっとだけ文法1　　動詞 ada「〜がいる、〜がある」

語根動詞adaは、「(人が)いる、(物が)ある」という意味で、位置は必ずしも主語の後ではなく、文頭などの場合もあります。おかれる位置の違いは、どこを強調したいのかによって変わります。

ティガ　ブア　　カバる　アダ　ディ　　プらブハン
例 Tiga buah kapal ada di pelabuhan.
　　3　　隻　　船　　ある　〜に　　港

3隻の船が港にあります。

＊主語「3隻の船」が文頭におかれ、動詞 ada がそれに続く文型です。

ディ　　プらブハン　　アダ　ティガ　ブア　　カバる
Di pelabuhan, ada 3 buah kapal.
〜に　　港　　　　ある　3　　隻　　船

港には、3隻の船があります。

＊動詞 ada が文中におかれた文型です。

ちょっとだけ文法2　　動詞 ada「〜を持つ」

adaは、主語の後におかれる場合は「〜を持つ」という意味の語としても使えます。

ウニフェルシタス　　イトゥ　アダ　　ドゥらバン　　ブア　　ファクるタス
例 Univérsitas itu ada delapan buah fakultas.
　　大学　　　　その　ある　　8　　　つの　　学部

その大学は、8つの学部を持っています。

＊ここの ada は「8つの学部がある」＝「8つの学部を持っている」という意味になります。

こんな場面で使います

ケース1

A

ドゥイ　　スカラん　　カム
Dwi, sekarang kamu

アダ　ディ　マナ
ada di mana?

ドゥイ、今おまえどこにいるの？

仲間内の会話だと、Dwi, kamu di mana?「ドゥイ、おまえどこ？」というように、主語やadaを省略します。

B

アク　　アダ　ディ　ドゥパン　　ホテる　　ドゥカッ（ト）　　プルンパタン
Aku ada di depan hotél, dekat perempatan.

交差点近くのホテルの前にいるんだ。

perempatanは、数字empat「4」の派生語です。接頭辞perと接尾辞anがempatについて「四つ角＝交差点」を意味します。

ケース2

A

スジャツ（ク）　　カパン　　　ブルアダ　ディ
Sejak kapan berada di

ホテる　イトゥ
hotél itu?

いつからそのホテルに滞在していますか？

sejak kapan は前置詞sejak「〜以降」と疑問詞kapan「いつ」を重ねた表現です。

B

ドゥア　ハリ　らる
Dua hari lalu.

2日前［から］です。

答えのほうでは、sejak を省略しています。 lalu は「〜前」という過去を表す際に使える語です。

ブルアダ　　　アダ
berada と ada　　　　　　　　　　　　　　　プラスα

　berada は ada とほぼ同じ意味ですが、接頭辞 ber が ada について派生語となった berada のほうがよりフォーマルです。日本語なら「存在する、滞在する」と訳せます。状況に応じて使い分けましょう。

　berada の発音が［ブラダ］にならないよう気をつけてください。これは［ブル］の後に母音が先頭の語がくるときは、おおむね ber と母音（この場合 ada の［ア］）とを明確に区切るためです。

～してください（～しなさい）

ほかの人に何かするよう丁寧にすすめたり、指示するときの表現です。

シらカン　　　　ドゥドゥッ(ク)　　　ディ　　　シニ
Silakan duduk di sini.

前置詞＋指示代名詞
副詞　　　　　　　　　　　　　動詞　　　前置詞　指示代名詞

どうぞ　ここ　に　おかけ　ください。

ちょっとだけ文法1　　副詞 silakan「どうぞ～してください」

副詞silakanは、相手に何事かするようすすめる際に使う丁寧な表現です。動詞の前におくと「どうぞ～してください」という言い方になります。

スらマッ(ト)　パギ　イブ　　　　　　　　　シらカン　マスッ(ク)
例 Selamat pagi, Ibu Michiko!　Silakan masuk.
　　おはようございます　～さん　ミチコ　　どうぞ～してください　入る

ミチコさん、おはようございます。どうぞお入りください。

＊例えばお客様を迎えたとき、まずあいさつ、その後 silakan で続けましょう。

シらカン　　トゥングー　ディ　シニ
Silakan tunggu di sini.　　どうぞこちらでお待ちください。
どうぞ～してください　待つ　～で　ここ

ちょっとだけ文法2　　命令形

インドネシア語の命令形は、文から主語を省略した形が基本形です。

ジュムル　バジュ
例 Jemur baju!　　服を乾かしなさい！
　乾かす　服　　　　　　　　　　＊jemur 干す

ブらンジャ　ク　パサル
Belanja ke pasar!　　市場へ買い物に行きなさい！
買い物する　～へ　市場

＊belanja は「買い物」ですが、日常会話では「買い物をする」のように動詞として使われることもよくあります。

ケース1

A

カラウ　　ハウス　　　シラカン　　ミヌム　　テ　　アタウ　　コピ
Kalau haus, silakan minum téh atau kopi.

喉が渇いているようでしたら、お茶かコーヒーをお飲みください。

silakanは、基本的にそれをすると相手にとってためになるのですすめる言い方ですが、相手がそれをやらなくてもすすめたほうには影響ありません。

B

トゥリマ　　カシ　　ブ
Terima kasih, Bu.

ありがとうございます。

最後のBuは女性に対する丁寧な2人称代名詞Ibu「あなた」が略されたものです。Buが加えられることで文全体に丁寧さが生まれますが、日本語には訳しません。

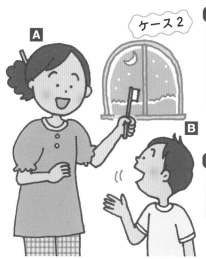

ケース2

A

ラフマン　　　ゴソッ（ク）　　ギギ
Rachman, gosok gigi
ドゥる　　ヤー
dulu ya!

ラフマン、先に歯を磨きなさいね！

文末に添えるyaは、疑問に応える際の肯定的回答「はい」に該当するyaとは異なります。

B

ヤー　　ブ
Ya, bu.

はい、お母さん。

この文でbuを「お母さん」と訳しているのは、明確に相手が母親だという前提に基づいているからです。

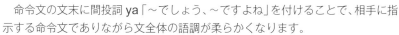

親しい間柄の人に使う間投詞 ya　プラスα

　命令文の文末に間投詞 ya「～でしょう、～ですよね」を付けることで、相手に指示する命令文でありながら文全体の語調が柔らかくなります。

　ただし、面識がある、親しい間柄の人、もしくは自分が客で相手が店員さんや部下など目下の相手の場合に使うようにしましょう。

トゥマニ　ネネッ（ク）　ク　パサル　ヤー
例 Temani nénék ke pasar ya !　市場へおばあちゃんに付いていってあげてね！

＊ temani　～に付き添う、同行する／ nénék　祖母

どうか〜してください

人に何かをお願いするときの丁寧な言い方です。

<small>トろン　　　　　バワ　　　　　コプル　　　　　イニ</small>

Tolong bawa koper ini.

<u>目的語（名詞＋指示代名詞）</u>

動詞　　　　　動詞　　　　　名詞　　　指示代名詞

この スーツケースを、どうか 運んで ください。

ちょっとだけ文法 1　　依頼表現 tolong

「〜を助ける」という意味の動詞tolongが、ほかの動詞の前におかれると、自分のために何かをするようお願いする依頼表現になります。tolongはsilakan（→p.112）と違って、相手がやってくれるかどうかは自分の利害に関わるので、依頼者にとって重要な言い方なのです。

<small>パッ（ク）　アデ　　トろン　　アンビる　ジャム ディ アタス　メジャ</small>

例 **Pak Adé, tolong ambil jam di atas méja.**

〜さん　アデ　どうか〜してください　取る　　時計　〜の 上　　机

アデさん、机の上の時計を取ってください。

＊ jam は、第9〜10課では、時刻や時間をたずねる際の表現でした。ここでは「時計」という意味です。

ちょっとだけ文法 2　　より丁寧な依頼表現 mohon

tolongより丁寧な言い方として動詞mohon「願う、請う」があります。ほかの動詞の前におくことでtolong同様の依頼表現になりますが、tolongと違う点が2つあります。❶mohonを使う対象はおおむね自分より上位の相手（上司や顧客など）であること、❷mohonの後には動詞だけでなく名詞をおくことも可能で、その場合丁寧に何かを要求する表現になります。

<small>モホン　　　クルジャ　　サマ　　ウントゥッ（ク）プろイエッ（ク）イニ</small>

例 **Mohon kerja sama untuk proyék ini.**

どうか〜してください　　協力　　　〜のため プロジェクト　この

このプロジェクトへのご協力をお願いいたします。　＊ kerja sama　協力、提携

114

こんな場面で使います

ケース1

A
Kalau bisa, tolong
カラウ　　ビサ　　　トろん
télépon dia.
テれポン　ディア

できれば、彼に電話してください。

B
バイク　　パッ（ク）　　　テれポン　　　ナンティ　　　マらム
Baik Pak, télépon nanti malam.

わかりました、今晩電話します。

baikは形容詞「よい」ですが、このような会話では「了解した＝わかった」というニュアンスになります。
nanti malamは、夜になる前の時点でいうこれから先の「今夜」です。

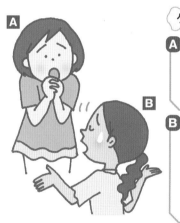

ケース2

A
モホン　　　　トゥンダ　　　ラパッ（ト）　イトゥ
Mohon tunda rapat itu.

どうかその会議を延期してください。

B
バイク　　　　トゥタピ　ティダッ（ク）　　るビ　　　ダリ
Baik, tetapi tidak lebih dari
ティガ　　ハリ　　ヤー
tiga hari ya.

わかりました。でも3日以上はダメですよ。

lebih dari「～より、～以上」という言い回しです。

インドネシア人に喜ばれるお土産品

　甘い物が大好きなインドネシア人には、日本のビスケット [biskuit] も喜ばれます。また、緑茶／日本茶 [téh hijau/téh Jepang] が年配の人に喜ばれています。
　食べ物以外では、和風な図柄の扇子 [kipas] や、壁が広くて何かを飾るのが好きなインドネシアでは壁掛け [hiasan dinding] も喜ばれます。本来壁掛けではない風呂敷も、綺麗な絵柄だと壁一面に飾ったりします。プレゼントするとき相手にその絵について説明してあげるといっそう感謝されるでしょう。

～してみなさい／一緒に～しましょう

だれかと一緒に、何かやってみようというときなどに役立つ表現です。

チョバ　バカイ　バジュ　イニ
Coba pakai baju ini.

目的語（名詞＋指示代名詞）

動詞　　　　動詞　　　　名詞　　指示代名詞

この 服を 着て みたら。

ちょっとだけ文法1　　動詞 coba「～してみなさい」

　動詞coba「～を試す、試みる」は、ほかの動詞の前におくと「～してみなさい」など試すことを促す表現として使われます。ただし、動詞すべてにcobaが付くわけではありません。日常生活で可能と思われる事柄についてcobaが付きます。

チョバ　ブアッ（ト）　タコヤキ
例 Coba buat takoyaki.　　タコヤキを作ってみたら。
～してみなさい　作る　　タコヤキ

ちょっとだけ文法2　　「一緒に～しよう」の表し方

　あなたが友人などに「一緒に～しよう」と声をかける場合、mari kita、mari、ayoなどの語を文頭において動詞を続けます。

マリ　キタ　マイン　フォリー ディ　らパガン
例 Mari kita main voli di lapangan.　さあ広場でバレーボールをしましょう。
さあ～しよう　プレーする　バレーボール　～で　広場

* mari kita は間投詞 mari「さあ」に人称代名詞 kita「私たち」を組み合わせた語です。kita がつくことで、話し相手を含め一緒に何かをするよう促す勧誘表現になります。

アヨー　キタ　オらラガ ディ　らバガン
Ayo kita olahraga di lapangan.　さあ広場でスポーツをしましょう。
さあ～しよう　スポーツ　～で　広場

* ayo、mari で始まるパターンは、mari kita と意味は同じですがより日常会話的です。

* olahraga「スポーツ」は本来名詞なのですが、日常会話では「スポーツをする」というように動詞のように使われたりします。

A

ヘスティ　アクー　マウ　ク　ルマ　カムー
Hésti, aku mau ke rumah kamu.

ヘスティ、私あなたの家に行きたい。

B

イトゥ　ガンパん　チョバ
Itu gampang.　Coba
ナイ（ク）エムアールティー　ダリ　シニ
naik MRT dari sini.

それって簡単よ。
ここから地下鉄に乗ってみたら。

MRTを含む交通事情については、コラム「ジャカルタの渋滞」を参照してください（→p.217）。
＊ gampang　（日常会話的な）簡単な（形容詞）

ケース2

A

ベソッ（ク）　シアん　アダ　ワクトゥ　るあん
Bésok siang ada waktu luang.

明日の午後、ひまなんだ。

waktu luangは、waktu「時間」とluang「からの」を組み合わせた「ひまな時間＝ひま」です。

B

カらウ　ブギトゥ　ベソッ（ク）　マリ
Kalau begitu, bésok mari
キタ　ジャらン　ジャらン
kita jalan-jalan.

それなら、明日出かけましょう。

＊ jalan-jalan　散歩する、旅行する、ぶらぶらする（動詞）

アヨー
Ayo の使い方

プラスα

　ayo は、ayo kita と同じような「さあ〜しよう」という意味になりますが、ayo だけのときは、silakan と同じく単純に「どうぞ〜してください」のように、より日常会話的な言い回しにもなります。

アヨー　マスッ（ク）　ダリ　ピントゥ　イニ
例 Ayo masuk dari pintu ini!　さあこのドアから入って！

～するな／～しないでください

命令形には、相手が何かするのを止めたり、禁止する表現があります。

ジャガン　　　　るパ　　　　マンビル　　ク　　トコ　　ロティ

Jangan lupa mampir ke toko roti.

副詞＋動詞　　　　　　　　　　　　　　　　　前置詞＋名詞＋名詞

副詞　　　　動詞　　　　　　　動詞　　　　前置詞　　名詞　　　名詞

パン 屋 に 立ち寄るのを 忘れ ないで。

ちょっとだけ文法1　　禁止文「～するな」

　jangan の後に動詞、形容詞、副詞を続けると「～するな」という意味の禁止文になります。何かして欲しくないことがある場合は、jangan を用い相手にそのことを伝えましょう。

トコ　イトゥ　マハる　　　ジャガン　　　ブランジャ　ディ　サナ　ヤー
例 Toko itu mahal. Jangan belanja di sana ya.
店　　あの　高い　　　　～するな　　買い物する　～で あそこ　ね

あの店は高いんだ。あそこで買い物するのはよしなさいね。

＊間投詞 ya を用いています。本来、禁止文は厳しいニュアンスですが、付加疑問詞的な ya をそえることにより語調がやわらかくなります。ただし、初対面の相手や自分より目上の相手には使わないように注意しましょう。belanja は、名詞「買い物」ですが、日常的には動詞のように「買い物する」と言うこともあります。

ちょっとだけ文法2　　禁止文「～しないでください」

　jangan の前に tolong をおくと、「～するな」という禁止文が「どうか～しないでください」とお願い口調に変わります。ya をそえた禁止文より丁寧な形になります。

トろん　　ジャガン　　マカン　ディ　シニ
例 Tolong jangan makan di sini.　　ここでの飲食はご遠慮
どうか～してください　～するな　食べる　～で ここ　　　ください。

トろん　　ジャガン　ブリ　バらン　イミタシ
Tolong jangan beli barang imitasi.
どうか～してください　～するな　買う　品物　　偽物

どうか偽物を買わないでください。

118

こんな場面で使います

ケース1

A

ジャガン　　ブル　　　ブル　　ク　　アポテッ（ク）
Jangan buru-buru ke apoték.

薬局に慌てて行かないで。

jangan の後に副詞 buru-buru「大急ぎで、慌てて」が付いてます。

B

タピ　オバッ（ト）　ティンガル　スディキッ（ト）
Tapi obat tinggal sedikit.

でも薬は少ししか残ってないよ。

tapi は接続詞 tetapi「しかし」の省略形で日常的によく使われます。
＊ tinggal　残っている／ sedikit　少し

ケース2

A

ティダッ（ク）　ボレ　　ナンギス
Tidak boléh nangis.

泣いてはいけません。

この文は、否定表現 tidak boléh「〜してはならない」を用いた否定文 Anda tidak boléh menangis.「あなたは泣いてはいけない」をベースにしています。つまり、tidak boléh でもjangan と同じような言い方が可能ということです

B

クナパ　ティダッ（ク）　ボレ　　ナンギス
Kenapa tidak boléh nangis?

どうして泣いたらだめなの？

もちろん Jangan nangis. という言い方もあります。jangan のほうがよりストレートに行為を禁じているため、tidak boléh に比べニュアンス的に強いといえます。

看板などで使われている禁止の表現

プラス **α**

　jangan、tidak boléh 以外でよく目にする禁止表現が、〈dilarang ＋動詞〉です。これは受動態の動詞で「〜が禁じられている」なので、何らかの動詞が続くと「〜することが禁じられている」と訳せます。街中の看板や表示などで使用されているフォーマルな表現です。会話的には jangan や tidak boléh で十分でしょう。

ディラらん　ムロコッ（ク）
例 Dilarang merokok　　禁煙／

ディららん　マスッ（ク）
Dilarang masuk　立ち入り禁止

〜は何ですか？

相手が何をしているのか、どのような状態なのかを聞く際の表現です。

Ini apa?
イニ　アバ

指示代名詞　　疑問詞

これは 何ですか？

* Apa ini? と言っても
意味は同じです。

ちょっとだけ文法 1　　疑問詞 apa

apaは曜日や月名をたずねる際にも使われますが(→p.95)、基本的に日常生活で物事に関連して「何？」などと聞くことができる疑問詞です。位置は文末か文頭です。状況に応じて前置詞と一体化して表現することもあります。

例 Dia makan mi kuah dengan apa?
　　ディア　マカン　ミ　クア　ドゥガン　アバ
　　彼　　食べる　　ラーメン　　〜で　　何

彼は、何でラーメンを食べたんですか？

*前置詞 dengan は「〜（人）と」といった使い方以外に、何らかの手段方法を表す「〜で」などの用法があります。

ちょっとだけ文法 2　　疑問詞 bagaimana「どのような？ どのように？」

物事の状態を確かめるときに用いる疑問詞がbagaimana です。日本語の「どのような？ どのように？」に該当します。位置は文頭や文末です。

例 Bagaimana kemacétan di Jakarta?
　　バガイマナ　　クマチェタン　ディ　ジャカルタ
　　どのような　　渋滞　　〜の　ジャカルタ

ジャカルタの渋滞はどうですか？

*発音が二重母音なので、早口になると「バゲイマナ」「バゲマナ」などと発音することがよくあります。

Cara memakai yukata bagaimana?
　チャラ　ムマケイ　ユカタ　バガイマナ
　方法　着る　浴衣　どうですか

浴衣の着方は、どうするのですか？

こんな場面で使います　ケース1

A

イブ　マサッ（ク）　バニャッ（ク）　ウントゥッ（ク）　アパ
Ibu masak banyak untuk apa?

お母さんは、どうしてたくさんお料理しているの？

この文での前置詞はuntuk「〜のため」です。
untuk apaの代わりに疑問詞kenapaを主語の前にお
く、次のような構文も可能です（→p.82）。
［例］Kenapa Ibu masak banyak？
　　なぜお母さんは、たくさん料理するのですか？

B

ウントゥッ（ク）　ペスタ　ベソッ（ク）
Untuk pésta bésok.

明日のパーティーのためよ。

ケース2

A

サヤ　シブッ（ク）
Saya sibuk.
バゲイマナ　　　　　ドゥガン　　　アンダ
Bagaimana dengan Anda?

私は忙しいんです。あなたはどうですか？

前置詞denganがつくbagaimana denganは「〜についてど
うなんですか」という丁寧な言い回しです。

B

サヤ　　ジュガ　シブッ（ク）
Saya juga sibuk.

私も忙しいです。

＊juga　〜も

プラス**α**

apa を使ったビジネス表現

apa はビジネスのシーンでも、下の例文のような使い方ができます。

ブルサハアン　イニ　スダん　　ムンプロドゥクシ　アパ
例 Perusahaan ini sedang memproduksi apa?
この企業は何を製造しているんですか？

カリアン　ブルドゥバッ（ト）　トゥンタん　アパ
例 Kalian berdebat tentang apa?　　きみたちは何に関して議論したんですか？

＊この文での前置詞は tentang「〜について」です。

とても～です

何かについて強調したいときに使えます。

Aku lelah sekali.

アク　　　るら　　　　スカリ

主語	述語（形容詞＋副詞）	
人称代名詞	形容詞	副詞

僕は とても 疲れました。

ちょっとだけ文法1　　副詞 sekali / sangat

sekaliは、形容詞の後に付けると「とても～だ」という意味になる副詞で、日常会話ではよく耳にします。sekaliと類似の副詞にsangat があります。sangatはsekaliと違って、形容詞の前におかれます。

マアフ　　　スカらん　　　サヤ　　サンガッ（ト）　　ムガントッ（ク）
例 Maaf, sekarang saya sangat mengantuk.

ごめんなさい　　　今　　　私　　とても　　　　眠い

ごめんなさい、私今とっても眠いんです。

ちょっとだけ文法2　　形容詞と副詞

インドネシア語の形容詞は、状況により形を変えずそのまま副詞になるものがあります。そのため、形容詞なのか副詞なのか区別が難しくなります。原則として、後ろから名詞を修飾するのが形容詞です。また、形容詞と同じスペルの副詞は状況により主語の後、文末にきます。

トゥマン　　サヤ　　　ムナガニ　　イス　　スリウス
例 Teman saya menangani isu serius. 私の友人は、深刻な問

友人　　　私　　　～を担当する　問題　深刻な 　題を担当している。

＊ serius の位置で、形容詞なのか副詞なのかを見極めます。しかし状況によっては明確に表したい場合があります。その際は〈前置詞 dengan ＋形容詞（dengan serius）〉の形で文末におくと、確実に副詞となります。

トゥマン　　サヤ　　　ムナガニ　　イス　　ドゥガン　　　スリウス
Teman saya menangani isu dengan serius.

友人　　　私　　　～を担当する　問題　　～に　　　真剣に

私の友人は、真剣に問題を担当している。

こんな場面で使います

ケース 1

A

アナッ（ク） イトゥ ラジン スカリ ヤー
Anak itu rajin sekali ya.

あの子は、とってもまじめですよね。

B

ヤー アナッ（ク） イトゥ パりん ラジン ディ
Ya, anak itu paling rajin di
スコら
sekolah.

ええ、あの子は学校でいちばんまじめなんです。

〈palig ＋形容詞〉で、「いちばん〜な」という表現になります。

ケース 2

A

クナパ ハルガ ドゥリアン ディ
Kenapa harga durian di
ジュパン マハる スカり
Jepang mahal sekali?

どうして日本のドリアンは高価なのですか？

durian は、「とげ」を意味する duri に接尾辞 an がついて「尖ったモノ＝ドリアン」という果物の固有名詞になっています。

B

カルナ キタ ハルス インポル
Karena kita harus impor.

（なぜなら）私たちは輸入しないといけないからです。

プラス **a**

sekali は「1 回」という意味も表す

　sekali には別の意味があります。「基本的な数字（0桁から2桁）」（→ p.212）の解説のとおり、数字 satu「1」は接辞 se に変わります。

　この se が回数を表現するときに使う kali「〜回」についた sekali は、satu kali と同様に「1回」を意味します。kali の用法は第28課（→ p.124）を参照してください。

123

何回〜ですか？

回数や、序数詞に関連する表現をマスターしましょう。

プラパ　　　カリ　　　アンダ　　　スダ　　　ブルクレタ

Berapa kali Anda sudah berkeréta?

疑問詞＋kali（名詞）　　　主語　　　　助動詞＋動詞
疑問詞＋名詞　　　　　人称代名詞　　　助動詞＋動詞

何回、あなたは 電車に乗ったのですか？

ちょっとだけ文法1　　「何回〜ですか？」

kaliは「回」を意味する名詞です。〈疑問詞 berapa ＋ kali〉で「何回〜ですか？」という問いかけになります。答えは数量なので日本語と同じ語順で〈数詞＋kali〉になります（→p.70-71、p.80-81）。

カリアン　　スダ　イクッ（ト）　パメラン　イニ　プラパ　カリ
例 Kalian sudah ikut paméran ini berapa kali?

君たち　　もう　参加する　展示会　この　　　何回

君たちは、もう何回この展示会に参加したんですか？

キラ　キラ　ウンパッ（ト）　カリ
Kira-kira empat kali. 　　だいたい4回くらいです。

だいたい　　　4　　　回

ちょっとだけ文法2　　序数詞〈ke ＋数字〉

「何回目ですか？」と聞きたい場合、kaliにkeberapa「いくつ目の」をつけた kali keberapaを使います。

「〜回目です」は〈kali ＋序数詞／序数詞＋kali〉を用います。序数詞は、数字に接頭辞keを付けた〈ke ＋数字〉で表します。例えば「第1の/1番目の」ならkesatu/pertama、「第2の/2番目の」ならkedua です（→p.215）。

サヤ　マカン　ドゥリアン　クドゥア　カリ
例 Saya makan durian kedua kali. 私がドリアンを食べる

私　食べる　ドリアン　2回目　　　　　のは、2回目です。

＊日常会話では、〈序数詞＋kali〉のほうがよく使われています。

こんな場面で使います

＊pelawak　コメディアン
sehari「1日」は数字のsatu「1」が接辞seに変化し、hari「日」についた派生語です（satu hari→sehari）。sehariを用いることで、どのぐらいの頻度なのかを示すことができます。

ケース1

A

プラワッ（ク）　イトゥ　ムンチュる　ディ　アチャら　ティーフィー
Pelawak itu muncul di acara TV

スハリ　　ブラパ　　カリ
sehari berapa kali?

そのコメディアンは、1日に何回テレビ番組に登場しますか？

B

ディア　　ムンチュる　　キラ　　キラ
Dia muncul kira-kira

スハリ　ティガ　カリ
sehari 3 kali.

彼は1日に約3回登場します。

ケース2

A

カリ　　　クブラパ　　ディア　　ムナん　　　ろンバ
Kali keberapa dia menang lomba?

何回目に彼は、優勝したのですか？

＊menang lomba　コンテストで優勝する

B

カリ　　　プるタマ
Kali pertama.

1回目です。

序数詞pertama「第1の」は、日本語の「はじめての」というニュアンスがあり、kesatuよりよく使われています。

インドネシアで大人気のバドミントン

　インドネシア人に人気のスポーツを聞いてみると、Bulu tangkis「バドミントン」という答えが返ってきます。たしかに、インドネシア人の家の壁にはラケットがかかっていたり、子どもや大人が路地でプレーしているのをよく見かけます。

　国際的大会での優勝や金メダル獲得など、常に実績も示してきており、国民的人気が非常に高いスポーツです。

〜の…は○○です

いくつかの事柄を１つにまとめた形で表現したい場合に役立つ言い方です。

バジュ カム バジュ ヤん バル ダン マハる

Baju kamu baju yang baru dan mahal.

主語（名詞＋人称代名詞）　　　　　名詞＋yang＋［形容詞＋接続詞＋形容詞］

名詞　　人称代名詞　　　名詞　　関係代名詞　　形容詞　　接続詞　　　形容詞

君の 服は、新しく て 高い 服です。

ちょっとだけ文法 1　　つなぎで用いられる yang

　yangは、単語が多くて修飾関係が複雑な文を１つに整理するときに「つなぎ」として用いられます。例えば、

a：Itu baju kamu.（イトゥ バジュ カム）　あれは君の服です
b：Baju itu baru dan mahal.（バジュ イトゥ バル ダン マハる）　あの服は新しくて高いです

　という２つ文がある場合、日常会話ならabを１つにした「君の服は新しくて高い服です」になるでしょう。このときbaju「服」のbaru dan mahal「新しくて高い」という２種類の特徴を指す形容詞句がyangを介し修飾しています。このように修飾する句、もしくは修飾される句（あるいは両方とも）が１語を超える複雑な文では、yangを挿入することで１つの文に整理することができます。

例 Orang Barat yang duduk itu teman saya.
　　オらン　バラッ(ト)　ヤん　ドゥドゥッ(ク) イトゥ トゥマン　サヤ
　　人　　欧米　　　　　座る　　あの　友人　　私の

あの座っている欧米人は、私の友人です。

a：Orang Barat itu teman saya.（オらン バラッ(ト) イトゥ トゥマン サヤ）　その欧米人は私の友人です。
b：Orang itu duduk.（オらン イトゥ ドゥドゥッ(ク)）　その人は座っています。

　という２つの文に分けられるこの例文も、修飾される名詞句Orang Barat「欧米人」と、修飾する動詞句duduk itu「その座っている」がそれぞれ２語以上です。そこで間にyangが入り複雑な主語をきれいにまとめています。

A

クマリン　　サヤ　　パカイ　　クレタ　　バンダラ　イトゥ
Kemarin saya pakai keréta bandara itu.

クナパ　　スカラん　ティダッ（ク）ブルオプラシ
Kenapa sekarang tidak beroperasi?

昨日私は、あの空港鉄道を使いました。なぜ今は運行していないのですか？

B

カルナ　　クレタ　　ヤん　　マス
Karena keréta yang Mas

パカイ　イトゥ　スダん　ガングアン
pakai itu sedang gangguan

シニャる
sinyal.

（なぜなら）あなたが使った電車は、
信号トラブル中だからです。

被修飾語のkeréta「電車」と、修飾する動詞句Mas pakai「あなたが使った」をyangでつなげています。

ケース2

A

サヤん　　　クレタ　イトゥ
Sayang, keréta itu

ニャマン　　ダン　チュパッ（ト）
nyaman dan cepat.

残念ですね、あの電車は快適で速かった。

＊sayang　残念な／nyaman　快適な

B

ジャガン　カワティル　　クレタ　ヤん　ニャマン　　ダン
Jangan khawatir, keréta yang nyaman dan

チュパッ（ト）イトゥ　パスティ　ブルオプラシ　　らギ
cepat itu pasti beroperasi lagi.

心配しないで、その快適で高速の電車は必ず運転再開しますよ。

Jangan khawatirは、形容詞khawatir「心配な」に、禁止の命令表現janganがついたものです。

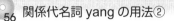

（こっち）の〜

何について話してるかがわかっている場合、
それを省略する「〜の」という表現です。

スバトゥ　イニ　トゥルらる　ブサル　アダ　ヤん　るビ　クチる

主語（yang＋副詞＋形容詞）

動詞　　　　　　　副詞　　　　　形容詞

もっと 小さいの ありますか？

ちょっとだけ文法 1　　　「〜の」（こっちのを）を表す yang

　yangの使い方において、日常的に最もよく耳にするのは、日本語の「〜の」（こっちのを）という言い回しです。これは当事者同士が何について話しているかがわかっている場合、会話に出てきた名詞を繰り返さずに代わりに用います。

　例えば日本語なら「あの右の靴とこの左の靴、どちらがよいですか？」という質問に対し、「靴」を繰り返さずに、「左のにします」と答えたりしますが、このときの「の」に相当するのがyangです。この場合、靴に関する先行文があるという前提ですが、すでに当事者が認識していれば先行文無しで会話ができます。

例 Sepatu ini terlalu besar. Ada yang lebih kecil?

靴　　　この　　　大きすぎる　　　ある　〜のほう　もっと　小さい

この靴は大きすぎるわ。もっと小さいのありますか？

　名詞「靴」のある完全な文は、Ada sepatu yang lebih kecil ?「もっと小さい靴はありますか？」です。sepatuを lebih kecil「もっと小さい」という句が修飾していますが、会話ではこのときsepatuを省略し、上記例文の通り Ada yang lebih kecil? になります。

こんな場面で使います　ケース1

A

らギ　チャリ　ジャム　　ヤん　アダ　ディ　シニ　　バガイマナ
Lagi cari jamu. Yang ada di sini bagaimana?

ジャムを探してるの。ここにあるのはどうなの？

jamuはインドネシア由来の伝統的医薬品です。
＊cari　探す

B

スムアニャ　　バグス　　カカッ（ク）
Semuanya bagus. Kakak
マウ　アンビる　ヤん　マナ
mau ambil yang mana?

みんなよいです。どちらのをお求めですか？

動詞ambilは「取る」を意味しますが、ここではやや意訳して
います。疑問詞yang manaは「どちらを、どれを」を意味し、
相手に対し何らかの選択をするよう求める際に用います。
＊semuanya　すべてが（副詞）

ケース2

A

ヤん　スプルティ　イニ　ブラパ
Yang seperti ini berapa?

こんなのは、いくらなの？

＊seperti　〜のような（前置詞）

B

ヤん　イトゥ リマ ブる リブ ルピア
Yang itu Rp 50.000.

そちらのは、5万ルピアです。

A、B、どちらの文にもjamu「ジャム」は表れませんが、これ
はすでに現物を目の前に話しているので、yangの前にある
jamuが省略されています。「5万ルピア」の表記と読み方の違
いについては、p.80を参照してください。

コラム

サッカーも庶民に人気

　バドミントン以外で人気のスポーツには、簡単にどこでもプレイできるからで
しょうか、Sépak Bola「サッカー」があります。
セパッ（ク）　ぼら

　ほかにも、経済発展と中間所得層の拡大にともない健康医療への関心が高まり、
サイクリング、ランニングなども行われるようになってきました。

AかB、どちらのほうがより〜ですか？

相手に対し選択肢を示して、何か選ぶよう求めるときに使いましょう。

ヤン　　マナ　　るビ　　トゥバる　　　カムス　　イニ　　アタウ　　カムス　　イトゥ

Yang mana lebih tebal, kamus ini atau kamus itu?

yang mana（疑問詞）＋ lebih（副詞）＋形容詞　　　　名詞＋指示代名詞＋接続詞＋名詞＋指示代名詞

疑問詞＋副詞　　　　　　　形容詞　　　　　名詞　　指示代名詞　接続詞　　　名詞　　指示代名詞

この 辞書 か あの 辞書、どちらがより 分厚い ですか？

ちょっとだけ文法 1　　どちらのほうがより〜ですか？

　yang mana lebihは、疑問詞yang manaに副詞lebih「より〜な、いっそう」がついてできた表現で、「どちらのほうがより〜ですか」という形の質問をするときに用います。その際yang mana lebihの後に形容詞をおき、その後相手に選んでもらう事柄を2つ以上並べます。

　　　　　　ヤン　　　マナ　　るビ　　チュバッ(ト)　　シンカンセン　　アタウ　プサワッ(ト)
例 **Yang mana lebih cepat, shinkansén atau pesawat?**
　　　　どちらが　　　より　　　速い　　　新幹線　　　それとも　飛行機

　新幹線か飛行機、どちらがより速いでしょうか？

　＊ pesawat は飛行機（pesawat terbang）を略した語です。

ちょっとだけ文法 2　　yang によって、特定の箇所が強調される

　yang については第29〜30課でも解説しましたが、使い方の違うyang もあります。下の例文ではyang があってもなくても基本的に意味は同じですが、あると文中の特定箇所がいっそう強調されることになります。下記例文では形容詞énak が強調されています。

　　　　イニ　　バソ　　ヤン　　エナッ(ク)
例 **Ini bakso yang énak.**　　これはおいしいバソです。
　　これ　バソ　　　おいしい

　＊バソは肉団子

130

こんな場面で使います

ケース1

A

スラマッ（ト）　マラム　ニョニャ　タカハシ　マウ　プサン　アパ
Selamat malam Nyonya Takahashi, mau pesan apa?

こんばんは、高橋様、ご注文は何にされますか？

＊pesan　注文する

B

ヤン　マナ　るビ　エナッ（ク）
Yang mana lebih énak,
マサカン　ディ　ムヌ　アタウ
masakan di menu atau
トゥディズ　スペシャる
"Today's Spécial"?

メニューのお料理と「本日のスペシャル」、
どちらがおいしいですか？

インドネシア料理のメニュー(menu)を開いて、どれに
しようか迷ったときは、店員さんに聞いてみましょう。

ケース2

A

シアパ　ヤん　プサン　ゴジェッ（ク）
Siapa yang pesan Gojék ?

だれがゴジェックを予約したのですか？

B

アヤ　ヤん　プサン　ゴジェッ（ク）
Ayah yang pesan Gojék.

父がゴジェックを予約しました。

この2つの文でのyangは、先行する主語を強調するyangな
ので、なくても意味は変わりません。

インドネシアの配車アプリ「ゴジェック」

　ゴジェックとはインドネシアの配車アプリの大手企業です。タクシー（GoCar）
や日本には無いバイクタクシー（gojék）を、登録した顧客に提供しています。
　顧客は時間と場所にほぼ制限なく、スマホから呼び出して使うことができるの
で、渋滞のひどい都市部では重要な移動手段になっています。

彼の／彼女の／その

接尾辞nya、いろいろな使い方があるので知っておくと便利です。

トゥマンニャ　　　　　トゥマン　　　サヤ　　　　プルナ　　　　ウンダん　　　ディア

Temannya teman saya pernah undang dia.

主語（〔名詞＋nya〕＋名詞＋人称代名詞）　　　　　助動詞＋動詞　　目的語

名詞　　　　　　名詞　　　人称代名詞　　　助動詞　　　　動詞　　　人称代名詞

私の 友人の 友人は、彼を 招いた ことがある。

ちょっとだけ文法1　　便利に使える nya

接尾辞nyaは、使いこなせると便利です。主語 Temannya teman saya において最初の teman「友人」の後に nya がないと、Teman-teman saya「私の友人たち」と聞こえます。

インドネシア語の複数表現は、名詞なら同じ単語を記号ハイフン（-）でつなぐ形で並べるため、発音が同じになってしまうのです。

アヤニャ　　アヤ　　リコ　　スカ　　マンガ　　　リコのお父さんのお

例 Ayahnya ayah Riko suka mangga. 父さんは、マンゴー

父　　　父の　リコの　好き　マンゴー　　が好きでした。

＊主語 Ayahnya ayah Riko に nya がないと、Ayah-ayah Riko「リコのお父さんたちは」とも聞こえて、伝えたい事柄が変わってしまいます。ただし主語を kakék「祖父」に変えれば、意味が変わることなく伝えられます。

ちょっとだけ文法2　　3人称代名詞 dia/ia の変形である nya

上記以外のnyaの用法としては、3人称代名詞 dia/ia の変形であるnyaがあります。次の例文を見てみましょう。

イトゥ　　ルマ　　イブ　　オクタ

例 a : Itu rumah Ibu Okta. あれはオクタさんの家です。

ルマ　　イブ　オクタ　ムガ　ヤ

b : Rumah Ibu Okta megah ya?

ルマニャ　　　　ムガ　ヤ

= Rumahnya megah ya?

オクタさんの家は立派なんですね？＝（彼／彼女の）お宅は立派なんですね？

＊ここではオクタさんの話をしているのが明らかですし、Ibu Okta → dia/ia → nya となり、先行する名詞 rumah に nya が付いて rumahnya が派生されます。

こんな場面で使います

ケース1

ibunya ibu saya「私の母の母」＝「祖母」(nénék)なので、Nénék saya asal Manado.「私の祖母はメナド出身なの」でも可能です。
＊terus terang　率直に言うと、正直な話

A

トゥルス　トゥラン　　　イブニャ　　イブ　　サヤ　　アサル　　　　ムナド
Terus terang, ibunya ibu saya asal Manado.

本当のこと言うと、私の母の母ってメナド出身なの。

B

オー　　ブギトゥ　　　　クナパ　　カカッ（ク）
Oh begitu, kenapa Kakak
バル　　　ビチャラ　　はる　イトゥ
baru bicara hal itu?

そうですか。なんで今頃そんなこと話すんですか？

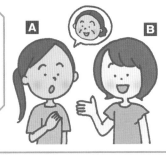

ケース2

A

ブ　インギッ（ト）　シアパ　らき　らき　ヤン
Bu Inggit, siapa laki-laki yang
クレン　イトゥ
kerén itu?

インギッ（ト）さん、あの格好いい男性はだれですか？

＊kerén　格好いい（形容詞）

B

オー　　ナマニャ　　　グナワン
Oh, namanya Gunawan.
ディア　　クナらン　　アルニ
Dia kenalan Arni.

あぁ、彼の名前はグナワン。彼はアルニの知り合いよ。

namanya = nama dia/ia　＊kenalan　知り合い（名詞）

インドネシア人も室内に入るときは靴を脱ぐ

コラム

　ホストにうながされて屋内に入るときに、気をつけたほうがよいことがあります。日本と違い、玄関には脱いだ靴を置く「たたき」がありません。

　では外履きのまま入ってもよいのでしょうか。じつはインドネシア人も帰宅したときや知人宅を訪れたときは、ドアの内側前（日本のように外側の玄関前ではない）に置いてある泥落としマット（kését ケセッ(ト)）で靴に付いた土を落とした後、その辺に外履きを置いて屋内で使うサンダルなどに履き替えます。

接尾辞nyaのいろいろな使い方

nya の用法は、これまであげてきた以外にもいろいろあります。下記❶から❺の中で会話的に最も多いのは、❹と❺でしょう。

ほかにもそれらが dia/ia の変形である nya である可能性や、それと重なっている可能性もあります。その場合は、前後の会話や文章によって見極めます。

接尾辞 nya は、インドネシア人の間でも理解や使い方がさまざまで一貫性のないインドネシア語を体現しているようです。しかし、その存在にかかわらず全体の意味に大きな変化はなく、気にする必要はありません。ポイントを理解したうえで nya を用いれば、インドネシア語がいっそう滑らかになるでしょう。まずはインドネシア語の nya に注目してください。

❶ 人称代名詞「あなた」を意味するnya

例 Siapa namanya? ＝ Siapa nama Anda?(→p.77参照) 　　あなたのお名前は何ですか？

もしこの nya が「彼／彼女」と「あなた」のどちらかわかりにくい場合は状況で判断します。

例えば相手があなただけを見ながら聞いていたら「あなた」、別の人を見ながら聞いていたら「彼／彼女」です。

❷ 特定の形容詞や動詞について名詞を派生させるnya

例 [形容詞] besar　大きい　→　[名詞] besarnya　大きさ、規模
　　[動詞] pulang　帰る　→　[名詞] pulangnya　帰り、帰宅

❸ 特定の名詞や形容詞について副詞を派生させるnya

例 [名詞] kata　ことば、単語　→　[副詞] katanya　〜らしい、〜のようだ
　　[形容詞] biasa　普通の、通常の　→　[副詞] biasanya　普通は、概して、一般に

❹ 先行する会話内容を反映し「その／この」の意味を込めて使うnya

例　Masakan Padang énak dan warungnya ada di mana-mana.

　　パダン料理はおいしくて、店はどこにでもあります。

　＊ di mana-mana　どこにでも／ énak　おいしい／ warung　食堂（小規模な）

❺ 文節区切れの不明瞭さを補うnya

インドネシア語には英語の be 動詞がなく、そのうえ修飾関係が日本語と逆なので、文によっては相手が何を言おうとしているのか不明瞭に感じます。それを補うために nya が使われることがよくあります。

例 ①Kuliah bahasa Inggris susah.　　英語の授業は、難しい
　　②Kuliah bahasa Inggris susah.　　難しい英語の授業
　　③Kuliah bahasa Inggrisnya susah.　英語の授業は、難しい

例文①、例文②の場合、インドネシア語は同じですが和訳すると2通りの解釈ができます。そこで Kuliah bahasa Inggris の後に nya を付けることで、主語と述語 susah の間にワンクッション置くことになり、意味が明瞭になります。

旅行もビジネスもバッチリ！
場面別定番フレーズ

空港

プサワッ（ト）
pesawat
飛行機

プルミシ　ビサ　ミンタ　スリムッ（ト）　サトゥ　らギ
Permisi, bisa minta selimut satu lagi?
すみません、もう1枚毛布をいただけませんか？

アワッ（ク）　カビン
awak kabin
客室乗務員

ウイサタ
Wisata.
観光です。

イミグラシ
imigrasi
入国審査

プガンビらん　　　バガシ
pengambilan bagasi
荷物受取所

パスポル
paspor
パスポート

インフォルマシ
informasi
案内所

INFORMATION

アパ　トゥジュアン　ク　インドネシア
Apa tujuan ke Indonésia?
インドネシアへの入国目的は何ですか？

136

ベア チュカイ
béa cukai
税関

ムソら
Mushala
き とうしつ
祈祷室

ティケッ(ト)
tikét
チケット

バガシ
Bagasi
手荷物

コプル
koper
スーツケース

ペバス バジャッ(ク)
bébas pajak
免税店

DFS

アパカ マシ アダ クレタ
Apakah masih ada keréta?

電車は、まだありますか？

137

機内で使えるフレーズ

ついに出発の日です。機内でインドネシア人のCAに
思い切って話しかけてみましょう。

機内で CA にお願いをする

Permisi, bisa minta selimut satu lagi?
プルミシ　ビサ　ミンタ　スリムッ（ト）　サトゥ　らギ

すみません、もう1枚毛布をいただけませんか？

Saya juga.
サヤ　ジュガ

私もお願いします。

Baik.
バイク

かしこまりました。

Permisi ...で、「すみません、失礼します」という呼びかけになります。CA に呼びかけるときなどに使います。〈bisa minta ＋名詞〉は、〈minta ＋名詞〉「〜をください」の前に助動詞bisa「できる」がついて、「〜をもらうことは可能でしょうか？」と何かをくれるよう求める丁寧な言い方になっています。

例 **Permisi, bisa minta koran?**　すみません、新聞をもらえませんか？
プルミン　ビサ　ミンタ　コラン
すみません　もらえませんか　新聞

＊ bisa：〜できます、minta：もらう

Permisi, bisa minta segelas air?　＊ segelas = satu gelas　1杯
プルミン　ビサ　ミンタ　スグらス　アイル
すみません　もらえませんか　1杯　お水
すみません、お水を1杯もらえませんか？

フレーズ1 通路側の席の人へ声をかける

<ruby>プ<rt></rt></ruby>ルミシ　サヤ　マウ　れワッ（ト）
Permisi, saya mau léwat.

すみません、通らせていただきます。

表現　通路を通してもらうときや、座席を倒すときなどに使います。Maaf ... でも大丈夫です。
単語　mau　〜したい／léwat　通る

 フレーズ2 座席の変更をお願いする

ボれ　　　ガンティ　トゥンパッ（ト）ドゥドゥッ（ク）
Boléh ganti tempat duduk?

座席を代わってもいいですか？

表現　boléhは「〜してもよい」という意味の助動詞です。文頭に置くと「〜しても構いませんか？」
　　　という丁寧に何かを依頼する表現になります。
単語　ganti　代わる／tempat duduk　座席／tempat duduk dekat jendéla　窓側の席
　　　／tempat duduk gang　通路側の席

 フレーズ3 日本食についてたずねる

アダ　　ムヌ　　ジュパん
Ada menu Jepang?

和食はありますか？

表現　Ada ....? で、「〜はありますか？」となります。
　　　[例] Ada menu végetarian?　ベジタリアン向けのメニューはありますか？

 フレーズ4 体調不良を訴える

ティダッ（ク）エナッ（ク）　　バダン
Tidak énak badan.

気分が悪いです。

表現
Sakit kepala.　頭が痛いです。
Sakit perut.　おなかが痛いです。
Masuk angin.　風邪です。
Demam.　熱があります。

プラスα　名詞badan「身体」の前に、〈形容詞énak「おいしい、気持ちがよい」＋否定詞tidak〉の
　　　　tidak énakがついて体調不良を訴える言い方になります。ほかのフレーズは第19課を参照
　　　　（→p.188-189）。

ステップ**4**

旅行もビジネスもバッチリ！　場面別定番フレーズ

139

空港で使えるフレーズ

空港でよく見かける Selamat Datang は、「ようこそいらっしゃいませ！」
という意味です。入国時には、次のようなことばを覚えておきましょう。

入国管理局で、入国目的を聞かれる

アパ　トゥジュアン　ク　インドネシア
Apa tujuan ke Indonésia?

インドネシアへの入国目的は何ですか？

ウイサタ
Wisata.

観光です。

　Apa tujuan ...?（アパ　トゥジュアン）　を直訳すると「インドネシアへの目的は何ですか？」となりますが、ここで聞かれているのは入国目的についてです。

　答え方としては、仕事で訪れたなら Untuk bekerja（ウントゥッ(ク) ブッ(ク)ルジャ）、観光目的なら wisata（ウイサタ）や turis（トゥリス）で十分です。untuk は「～のために」を表す前置詞で、日常会話ではよく使われます。

例　ウントゥッ(ク)　マカン　シアん　ディ　シニ
Untuk makan siang di sini.　　　ここでランチをするために。
　　～として　食べる　お昼　ここで

　ウントゥッ(ク)　ノントン　ウパチャラ
Untuk nonton upacara.　　　セレモニーを観るために。
　　～として　観て　セレモニー

フレーズ1 手荷物受取所でトラブルを伝える

コプル　　　サヤ　ティダッ(ク)　アダ
Koper saya tidak ada.
私のスーツケースがありません。

表現　tidak ada ... で「～がない」です。adaは「いる、ある」です（→p.110-111）。

 フレーズ2 スーツケースの取り違えを伝える

イトゥ　ブニャ　サヤ
Itu punya saya.
それは私のです。

単語　punyaは「～のもの、～の所有の」
という意味です。

 フレーズ3 両替所で両替をする

トろん　　トゥカル　ク　ルビア
Tolong, tukar ke rupiah.
ルビアに両替してください。

表現　tolongは「どうか（自分のために）～してください」という、丁寧な依頼の表現です（→p.114）。

フレーズ4 案内所がどこにあるかたずねる

ディ　マナ　インフォルマシ
Di mana informasi?
案内所はどこですか？

プラスα

ディ　マナ　はるトゥ　ビス
Di mana halte bus?　　バス停はどこですか？
ディ　マナ　トイれッ(ト)
Di mana toilét?　　トイレはどこですか？
ディ　マナ　カントル　ポス
Di mana kantor pos?　郵便局はどこですか？

表現　di manaは「～はどこですか？」という場所をたずねる言い方です（→p.96）。

渋滞を考えて、事前にルートを決めておこう

　観光や友人に会うためなどでジャカルタを訪れる際は、渋滞がひどいので注意が必要です。どこへ行きたいか、友人とはどこで会うつもりなのかなど、事前に行くべき場所や行きたい場所をリストアップし、ルートを決めたうえで宿泊先や滞在先を検討しましょう。

　現地到着後、移動のために日中を渋滞した道路ですごすのは願い下げでしょうから。

市内への移動で使えるフレーズ

空港からいよいよ市内へ移動してみましょう。

空港職員に電車についてたずねる

Apakah masih ada keréta?
（アパカ　マシ　アダ　クレタ）

電車はまだありますか？

Ya, péron ada di lantai 2.
（ヤー　ペロン　アダ　ディ　ランタイ　ドゥア）

はい、乗り場は2階です。

　インドネシアでは、建物の階数を言う場合lantai「フロア、階」に数字を添えて表します。下表で確認してください。また地階ならbasemént「地下」という語を用いBasemént lantai 1「地下1階」となります。近年、ジャカルタのモールなどでは、階数表現が日本と異なる英国式になっていたりとさまざまあります。

日本と同型式			インドネシア（イギリス式）		
3F	=	3階（Lantai 3）	1F（First Ground）	=	3階
2F	=	2階（Lantai 2）	UG（Upper Ground）	=	2階
1F	=	1階（Lantai 1）	GF（Ground Floor）	=	1階
B1	=	地下1階（Basemént lantai 1）	LG（Lower Ground）	=	地下1階

例 Food court ada di lantai paling atas.
（フード　コートゥ　アダ　ディ　ランタイ　パリん　アタス）
フードコート　ある　〜に　フロア　いちばん　上

フードコートは、
最上階にあります。

フレーズ1 タクシー乗り場をたずねる

ディ マナ トゥンパッ（ト） ナイク タクシ
Di mana tempat naik taksi?

タクシー乗り場はどこですか？

文化 最近は配車アプリで呼び出せる、Blue Bird、Grabなどのタクシーが便利なのでよく使われ
ています。

表現 ほかにも、Di mana pangkalan taksi? という言い方もできます。

 フレーズ2 市街地までの料金を確認する

ブラパ オンコス ウントゥッ（ク） サンペイ ク コタ
Berapa ongkos untuk sampai ke kota?

市街地までいくらかかりますか？

表現 料金を表す単語は、ongkosの代わりに、biaya / tarifでも可能です。

単語 kota 都市、街／ koper スーツケース／ argométer タクシーメーター

 フレーズ3 バスの時刻を確認する

ジャム ブラパ ビス ブランカッ（ト） ク ジャカルタ
Jam berapa bus berangkat ke Jakarta?

ジャカルタ行きのバスは何時に出ますか？

文化 空港からDamriと呼ばれるシャトルバスがジャカルタ市内要所とバンドンを含む周辺地域を
つないでいます。タクシーに比べてかなり割安ですが、スケジュールが必ずしも時刻表どお
りではないので、注意が必要です。

 フレーズ4 運転手に目的地についたら教えてくれるように頼む

トろん ブリタフ カらウ スダ
Tolong beritahu kalau sudah

サンパイ ホテる ジャヤ
sampai Hotél Jaya.

ジャヤホテルに着いたら
教えてください。

表現 〈Tolong＋動詞〉からはじまる文は、「どうか～してください」という丁寧な依頼文になります
（→p.114）。

単語 beritahu 知らせる／ tikét 切符／ keréta api 鉄道／ péron プラットフォーム

143

Saya mau chéck-in.
サヤ　マウ　チェッ（ク）イン
チェックインをお願いします。

résépsionis
レセプショニス
フロント係

pamflét / brosur
バンフれッ（ト）　ブロスル
パンフレット

kunci
クンチ
キー

doorman
ドルマン
ドアマン

pintu
ピントゥ
ドア

pintu utama
ピントゥ　ウタマ
玄関

Bisa pakai Wi-Fi di sini?
ビサ　バカイ　ワイファイ　ディ　シニ
ここでWi-Fiは使えますか？

porter
ポルトゥル
ポーター

144

タンガ ブルジャらん
tangga berjalan /
エスカろトル
éskalator
エスカレーター

マアフ ディ ドゥカッ（ト） シニ アダ ミニ マルケッ（ト）
Maaf, di dekat sini ada mini markét?

すみません、ここの近くにコンビニはありますか？

リフッ（ト）
lift
エレベーター

べる
bél
呼び鈴

プヌリマ タム
penerima tamu
コンシェルジュ

ろビ
lobi
ロビー

ソファ
sofa
ソファ

メジャ
méja
テーブル

べる ボーイ
béll boy
ベルボーイ

プタ
peta
地図

145

フロントで使えるフレーズ

楽しい旅行の大きな要素の1つは快適なホテルであることに間違いありません。
必要なこと、気になることは、まずフロントで確認しましょう。

チェックインする

サヤ　マウ　チェッ（ク）イン
Saya mau chéck-in.

チェックインをお願いします。

アパカ　　アンダ　　スダ　　レセルファシ
Apakah Anda sudah résérvasi?

ご予約はございますか？

　　最近ではWeb上の宿泊サイトを通じて宿泊先の予約をするのが一般的です。
そうはいっても、急な旅行や、訪問先が突然変更することもあるかもしれません。
そのようなときは、予約なしで部屋を探すことになります。その際、次のような
言い方が役立ちます。

ハリ　イニ　アダ　カマル　　コソん
例 Hari ini ada kamar kosong?　　今日、あいてる部屋はありますか？
　　　今日　　ある　部屋　　　からの

サヤ　マウ　ブッキん　ウントゥッ（ク）ドゥア　マラム
Saya mau booking untuk 2 malam?　私は2晩予約したいのです。
　私　〜したい　予約する　〜のため　2　　晩

フレーズ1　部屋のタイプを確認する

アダ　　カマル　　　ドゥガン　バッ（ク）　マンディ

Ada kamar dengan bak mandi?

バス付きの部屋はありますか？

表現　Ada …?「〜はありますか？」は便利に使うことができます。
[例] Ada showér?　シャワーはありますか？／ Ada Wi-Fi?　Wi-Fiはありますか？
プラスα　termasuk「〜を含む／込みで」を用いれば、次のような言い方もできます。
[例] Termasuk makan pagi?　朝食込みですか？／ Termasuk pajak?　税込みですか？

 フレーズ2　部屋の値段交渉をする

サヤ　　マウ　　カマル　　ヤン　　パリん　　ムラ

Saya mau kamar yang paling murah.

私はいちばん安い部屋を希望します。

表現　〈Kamar yang paling ＋形容詞〉で「いちばん〜な部屋」です。またSaya mau...で「私は〜を望む」となります。mauと似ている助動詞にinginがあり、意味は同じながら、inginのほうが要求度が高い場合に用いられています。
単語　paling bersih　いちばん清潔な／ paling sejuk　いちばん涼しい
／ paling bagus　いちばん素晴らしい／ paling méwah　いちばん贅沢な

 フレーズ3　先に部屋を見せてもらう

ビサ　　りハッ（ト）　　カマルニャ

Bisa lihat kamarnya?

部屋を見せてもらえますか？

文化

部屋がWebで予約した内容と違うことは、インドネシアではときどきあります。予約確認書を示しながら、先に部屋状況を確かめておくのもよいでしょう。

プラスα　Bisakah/Boléhkah lihat kamarnya?「部屋を見せてもらえますか？」は、助動詞bisaやboléhに疑問符の接尾辞kahを付けた言い方です。意味は同じですが、bisaやboléhだけの文に比べより強調されています。

 フレーズ4　チェックアウトの時間を確認する

ジャム　　ブラパ　　ハルス　チェッ（ク）　アウト

Jam berapa harus chéck-out?

何時にチェックアウトしなければなりませんか？

単語　kartu krédit　クレジットカード／ nitip koper　スーツケースを預ける
／ meninggalkan hotél　ホテルを去る、チェックアウトする

147

ホテルの部屋で使えるフレーズ

pelayanan hotél「ホテルのサービス」に関する表現です。
快適に過ごせるように、いろいろな言い方を使えるようにしましょう。

ホテルの部屋で Wi-Fi 接続についてたずねる

ハロー ビサ パカイ ワイファイ ディ シニ
Halo, bisa pakai Wi-Fi di sini?

もしもし、ここでWi-Fiは使えますか？

ヤー トゥントゥ
Ya, tentu.

ええ、もちろんです。

Haloは、日本語なら「もしもし」に相当する表現です。さらに強調したい場合は、bisakahを文頭におき、日常会話では省略する主語を続けます。

例 **ビサカ サヤ パカイ ワイファイ ディ シニ**
Bisakah saya pakai Wi-Fi di sini? ここで Wi-Fi は使えますか？
可能ですか　私　　使う　ワイファイ　〜で　ここ

早朝礼拝を呼びかけることばで起こされることも

中級以下の宿泊施設では、壁が薄く隣の音が聞こえることもあります。またモスクに隣接する街中のホテルでは、信者にむけて早朝礼拝を呼びかけることば「adzan」が、スピーカーを通して夜明け前から聞こえてくることがよくあり、この声で起きてしまうこともあります。インドネシア文化を知るにはよい経験ですが、無理をしない旅をしたいならホテル選びは慎重にしましょう。

フレーズ1 枕の追加をお願いする

Bisa minta bantal satu lagi?
ビサ　ミンタ　バンタる　サトゥ　らギ

もう1つ枕をもらえませんか？

単語　bantal 枕／ seprai シーツ／ tempat tidur ベッド／ lampu 電灯／ lampu méja 電気
スタンド／ kulkas 冷蔵庫／ TV テレビ／ stéker コンセント／ remote リモコン

フレーズ2 ドライヤーの故障を訴える

Hair dryer tidak berfungsi.
ヘア　ドライヤー　ティダッ（ク）　ブルフンシ

ドライヤーが動きません。

表現　berfungsiは、名詞fungsi「機能」に接頭辞berがついて「機能する＝動く」という意味に派生された動詞です。これに否定詞tidakがかかり「機能しない＝動かない」となっています。

プラスα　動詞matiは「死ぬ」ですが、電気で動くモノが作動しない状態を表すことばとしても使えます。
[例] Hair dryer mati. ドライヤーが動かない。／ Lampu mati. 電灯が消える。

フレーズ3 エアコンの使い方を聞く

Tidak tahu cara pakai AC.
ティダッ（ク）　タウ　チャラ　パカイ　アセー

エアコンの使い方がわかりません。

表現　Tidak tahuは、動詞tahu「知っている／わかる」に否定詞tidakがついて「知らない／わからない」という意味になります。またcara pakaiは、名詞cara「方法」を後ろから動詞pakai「使う」が修飾して「使用方法＝使い方」という意味として使われています。

プラスα　疑問詞bagaimana「どのような」を使って、Bagaimana cara pakai AC.「エアコンの使い方はどうするのですか？」という聞き方もあります。ACはair conditioner「エアコン」の略語。

フレーズ4 騒音について訴える

Maaf, kamar sebelah berisik.
マアフ　カマル　スブら　ブリシッ（ク）

すみません、隣の音がうるさくて気になります。

表現　maafは「ごめんなさい」と謝罪する際と、permisiと同様「すみません」の意味で使う場合の両方があります。

単語　kamar sebelah 隣室／ berisik うるさい

ステップ**4**

旅行もビジネスもバッチリ！　場面別定番フレーズ

149

コンシェルジュにたずねる

ホテルの résépsionis「フロント係」や penerima tamu「コンシェルジュ」から、いろいろと必要な情報をもらいましょう。

コンビニについてたずねる

マアフ　ディ ドゥカッ（ト）　シニ　アダ　ミニ　マルケッ（ト）
Maaf, di dekat sini ada mini markét?

すみません、ここの近くにコンビニはありますか？

アダ　アンダ　マウ　アパ
Ada. Anda mau apa?

あります。何をご希望ですか？

　インドネシア、とくにジャワ島内の移動なら、急いでいるときは飛行機が便利ですが、余裕があるときはインドネシア国営鉄道 Keréta Api Indonésia（KAI）がおすすめです。KAIのホームページで路線、本数、時刻表、料金などが調べられます。しかし、現時点ではクレジットカード決済ができませんので、KAIホームページを通じて海外から予約購入することは不可能です（2023年2月現在）。しかし最近は、Travéloka という現地の大手予約サイトを通じ、海外から切符の予約が可能になりました。このサイトは英語でも手続きができます。インドネシア入国後、大きな駅の窓口でなら予約購入も可能です。

マウ　プサン　ティケッ（ト）　クレタ
例 Mau pesan tikét keréta.　　電車の切符を予約したいんです。

　〜したい　予約する　チケット　電車

フレーズ 1 おすすめを教えてもらう

トろん　ブリタフ　レストラン　ヤん　エナッ(ク)　ダン　ムラ

Tolong beritahu réstoran yang énak dan murah.

おいしくて安いレストランを教えてください。

表現　目的語の réstoran yang énak dan murah は、修飾される名詞 réstoran「レストラン」と、修飾する形容詞句 énak dan murah「安くておいしい」からなりますが、yang がその間に入ることにより両者をきれいにつないでいます。

単語　réstoran yang terkenal　有名なレストラン（yang の用法→p.126）

フレーズ 2 目的地までの所要時間をたずねる

ブラパ　　らマ　　ジャらン　カキ　ク　ブらザ　　インドネシア

Berapa lama jalan kaki ke Plaza Indonésia?

プラザ・インドネシアまで、歩いてどれぐらいかかりますか？

表現　jalan kaki は、jalan「行く、移動する、動く」に名詞 kaki「足」が付いた表現です。jalan だけでは「人間、鉄道、車、バスなどが行く」ことを意味しますが、kaki がつくと「（人が）足で行く＝歩く」になります。

プラスα　Berapa lama ...? は大雑把に時間をたずねる言い方ですが、jam「時間」や menit「分」を使えば、具体的に聞くことができます。　[例] Berapa jam ...? 何時間？ / Berapa menit ...? 何分？

フレーズ 3 希望を伝える

サヤ　イギン　ノントン　プルタンディガン　　　バドミントン

Saya ingin nonton pertandingan badminton.

バドミントンの試合が観たいです。

表現　「～したい」と表現したい場合、ingin のほかにも助動詞 mau も使えます。

フレーズ 4 英語が話せるかをたずねる

ビサ　ビチャラ　ダらム　バハサ　　イングリス

Bisa bicara dalam bahasa Inggris?

英語で話せますか？

表現　dalam にはいろいろな意味が含まれますが、ここでは前置詞「～で」を意味します。

文化　国際的観光地のバリ島をはじめジャカルタなど大都市のホテルでは、英語を話せるスタッフが多くいます。

RÉSTORAN
レストラン

プらヤン　らキ　らキ
pelayan laki-laki

ウエイター、男性従業員

サヤ　マウ　テ　パナス
Saya mau téh panas.

ホットティーをお願いします。

メジャ
méja
机、テーブル

ガラム
garam
塩

らダ
lada
コショウ

グら
gula
砂糖

ダフタル　　　ムヌ
daftar menu
メニュー

タプらッ(ク)　メジャ
taplak méja
テーブルクロス

クルシ
kursi
椅子

アンダ　イギン　プサン　アパ
Anda ingin pesan apa
ウントゥッ(ク)　マカナン　　ウタマ
untuk makanan utama?

メインディッシュには何を注文しますか？

アダ　サテ
Ada saté?

串焼きはありますか？

カシール
kasir
レジ係、会計係

クイタンシ
kuitansi
領収書

ストルッ(ク)　レシ
struk/rési
レシート

PUJASÉRA / FOOD COURT
屋台街、専門料理店で見かける料理

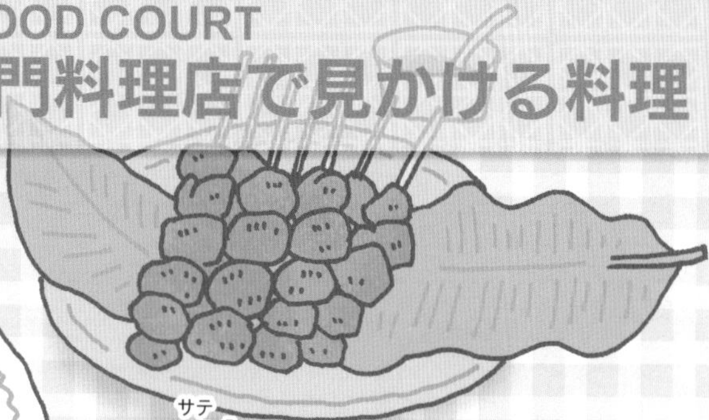

サテ
saté
串焼き

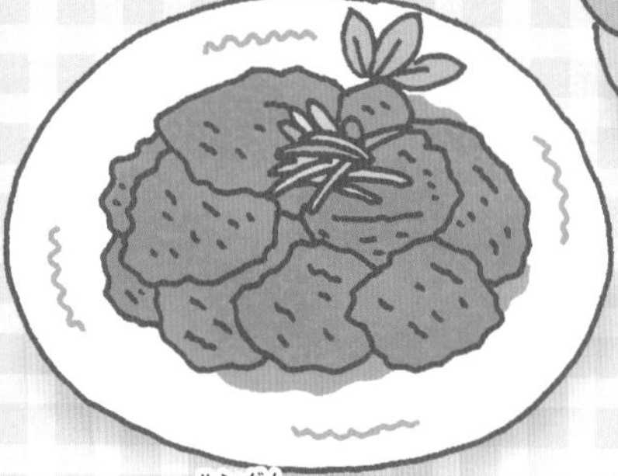

ルンダん
rendang
ルンダン

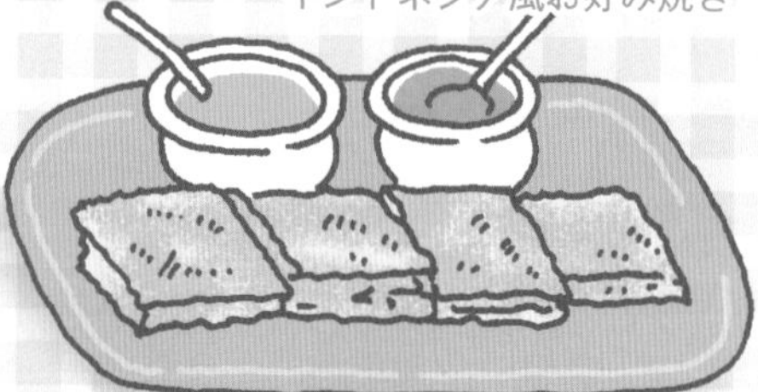

マルタバッ(ク)
martabak
インドネシア風お好み焼き

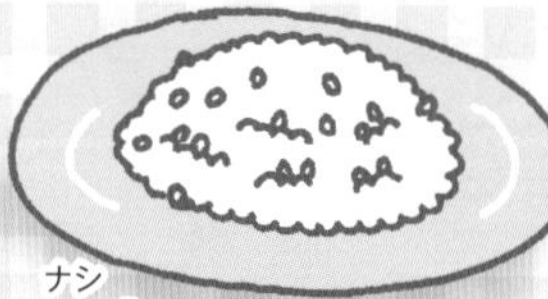

ナシ
nasi
ごはん

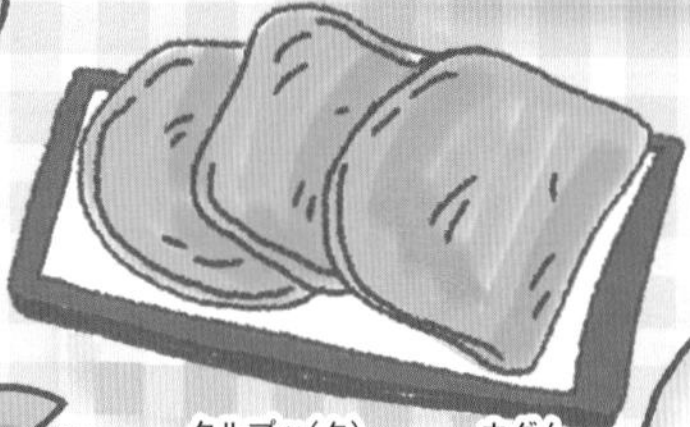

クルプッ(ク) ウダん
kerupuk udang
海老せんべい

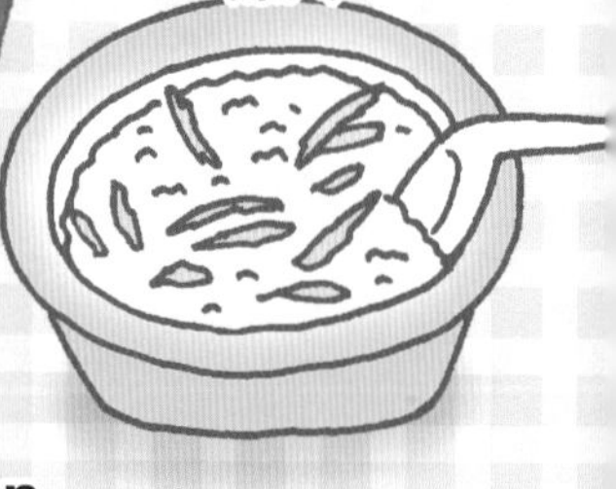

ブブル アヤム
bubur ayam
鶏がゆ

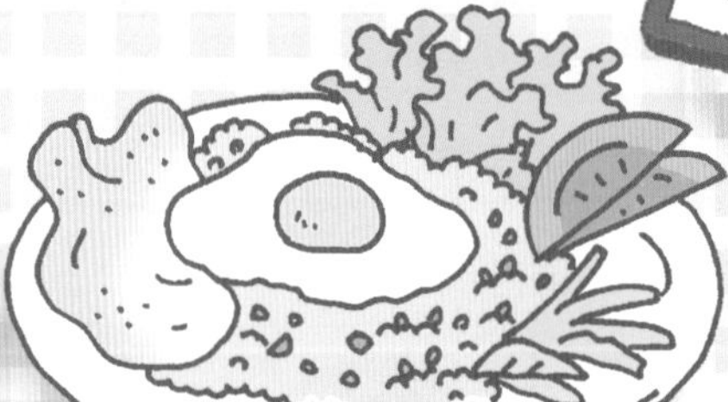

ナシ ゴレん
nasi goréng
インドネシア風チャーハン

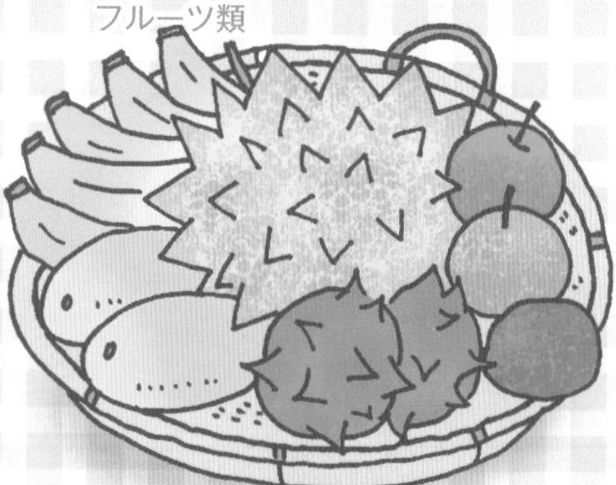

ブア ブアハン
buah-buahan
フルーツ類

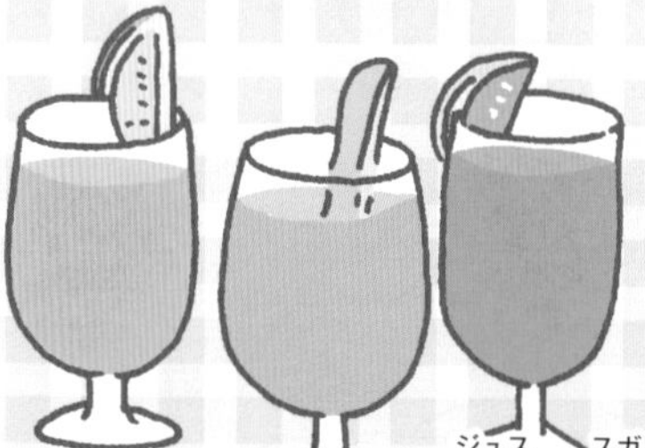

ジュス スガル
jus segar
フレッシュジュース

bubur kacang
ブブル　カチャン
小豆がゆ

soto ayam
ソト　アヤム
チキンスープ

pisang bakar
ピサン　バカル
焼きバナナ

mi ayam
ミ　アヤム
鶏そば

mi goréng
ミ　ゴレん
インドネシア風焼きそば

pisang goréng
ピサン　ゴレん
バナナのフライ

témpé goréng
テンペ　ゴレん
揚げテンペ

bakso
バソ
肉団子

tahu goréng
タフ　ゴレん
揚げ豆腐

mi bakso
ミ　バソ
肉団子そば

155

レストランで朝食をとる

レストランのBuffet「ビュッフェ」では、Masakan Indonésia「インドネシア料理」のほかにもMasakan Barat「洋食」など、いろいろな料理が味わえます。

飲み物を注文する

Saya mau téh panas.
（サヤ マウ テ パナス）

ホットティーをお願いします。

Baik, dengan susu atau jeruk?
（バイク ドゥガン スス アタウ ジュルッ(ク)）

かしこまりました、ミルクかレモンをおつけしますか？

Kalau ada, saya minta lémon atau jeruk nipis ya.
（カラウ アダ サヤ ミンタ れモン アタウ ジュルッ(ク) ニピス ヤー）

もしあれば、レモンかジュルック・ニピスをお願いします。

ビュッフェとはいえ、お茶やコーヒーは注文を聞いて用意してくれるレストランも多くあります。紅茶に付き物のレモンの薄切りとは別に、ジュルック・ニピス（インドネシア版ライム）は東南アジア原産の柑橘類で、絞り汁をお茶に垂らすとさわやかなライムの香りが漂います。

フレーズ1 店員から声をかけられる

スラマッ（ト）　バギ　イブ　イギン　アパ
Selamat pagi. Ibu ingin apa?
おはようございます。何にしますか？

表現　日本語訳では抜けていますが、朝のあいさつSelamat pagiの後にある、Ibu「あなた」は、女性を意味するなど一定の条件にあてはまります（→p.28）。

 フレーズ2 コーヒーを頼む

サヤ　ハニャ　マウ　コピ
Saya hanya mau kopi.
私はコーヒーだけください。

表現
〈副詞hanya＋名詞／動詞〉で、「ただ～です／～だけです」という言い方になります。
[例] Hanya 1 %. 　1%のみです。

プラスα　「～だけです」という表現は、〈名詞／形容詞／動詞＋saja〉でも可能です。副詞の位置がhanyaと逆転しています。　[例] Saya mau kopi saja.　私はコーヒーだけください。／ Orang itu lihat-lihat saja.　あの人は見ているだけです。／ Mengantuk saja.　眠たいだけです。

 フレーズ3 卵料理の種類を聞かれる

マウ　マカン　トゥルル　マタ　サピ　トゥルル　ルブス　アタウ　オムれッ（ト）
Mau makan telur mata sapi, telur rebus atau omelét?
目玉焼き、ゆで卵、それともオムレツを召し上がりますか？

表現　telur mata sapiは直訳すると「牛の目」になります。telur「卵」を、後ろからmata「目」とsapi「牛」が修飾しています。インドネシアの人にとって目玉焼きのイメージは牛の目なのでしょう。ほかにもtelur ceplokという言い方もあります。

フレーズ4 支払額をたずねる

トータるニャ　ブラパ
Totalnya berapa?
全部でおいくらですか？

文化
インドネシアでは欧米のようにチップの習慣はなく、レストランは税サ込みです。クレジットカードなどを使える高級レストランやカフェと違いuang tunai「現金」払いが主流の屋台では、客が少額のお釣りを受け取らないことも多いようです。

アヒルの卵の塩漬け

　インドネシア人はアヒルの卵を塩漬けにした telur asin をよく食べます。殻は薄い緑色、白身部分がやや厚く黄身は鶏卵よりオレンジ色が濃い感じで、塩味がごはんとよく合います。

屋台で使えるフレーズ

せっかくインドネシアへ来たなら、warung「屋台」を体験してみましょう。
ホテルや高級レストランとは別の世界が見えてきます。

串焼きを頼む

イニ　アパ
Ini apa?

これは何ですか？

イニ　サテ　　サテ　ディ　シニ　パりん
Ini saté. Saté di sini paling

エナッ（ク）ディ　　ジャカルタ
énak di Jakarta.

これは串焼きです。ここの串焼きは、ジャカルタ
でいちばんおいしいです。

　大通りから外れる通り沿い、バスターミナルや繁華街近くの屋台街pusat
jajanan serba ada(pujaséra)があります。しかし初心者や衛生状態が心配な人は、
無理をしないで、モールのフードコートFood Courtを利用すると便利です。イ
ンドネシア各地の郷土料理を簡単に出してくれる屋台風のお店（場合によっては
屋台そのもの）が壁沿いに軒を並べ、それらに囲まれ真ん中にたくさんのテーブ
ルが置かれています。satéは「串焼き」を意味する料理です（→p.183）。

フレーズ1 食べ方をたずねる

バガイマナ　チャラ　マカンニャ

Bagaimana cara makannya?

どのように食べるのですか？

表現　cara makannyaで「食べ方」です。ほかにもcara bacanya「読み方」、cara masaknya「料理
方法」、cara hafalnya「覚え方」などが、caraを使って表現できます。

 フレーズ2 お店のおすすめをたずねる

アパ　レコメンダシ　アンダ

Apa rékoméndasi Anda?

おすすめは何ですか？

単語　Masakan Cina　中華料理／Masakan Jepang　和食
／Makanan siap saji　ファーストフード

フレーズ3 料理のボリュームをたずねる

スプラバ　ブサル

Seberapa besar?

どのぐらいの大きさですか？

表現　〈seberapa＋形容詞〉で「～はどの程度…なの
か？」と聞く表現になります。
Seberapa banyak?　どのくらいたくさんですか？
Seberapa jauh?　どのくらい遠いんですか？
Seberapa lama?　どのくらいの期間ですか？
Seberapa cepat?　どれくらいの速さですか？

フレーズ4 テイクアウトか食べていくかを聞かれる

ブンクス　アタウ　マカン　ディ　シニ

Bungkus atau makan di sini?

ティクアウトですか、こちらで召し上がりますか？

表現　bungkusは「包む」が「テイクアウト（する）」という意味になったことばです。答えるときは
Ya, bungkus. 「ええ、テイクアウトです」、もしくはTidak, mau makan di sini. 「いいえ、
ここで食べていきます」となります。

バナナの葉っぱで南国らしさを

　会社でのランチタイムや、仕事帰りにテイクアウトして自宅で落ち着いて食
事をしたい人が集まるのも屋台です。食べ物の多くが緑色の「バナナの葉っぱ」
daun pisangで包まれていて、南国らしさを感じます。

（縦書き）ステップ4　旅行もビジネスもバッチリ！　場面別定番フレーズ

 159

レストランで使えるフレーズ

さぁディナータイムです。Rumah Makan Masakan Khas「専門料理店」で
インドネシア各地の郷土料理を楽しみましょう。

レストランの店員と会話を楽しむ

Ini apa?

これは何ですか？

Pépés ikan.

ペペス　イカンです。

　　高原都市バンドンを中心とするジャワ島西部は、Sunda 地方とも呼ばれますが、
ikan「魚」や daging ayam「鶏肉」に香辛料やハーブを混ぜた後、バナナの葉っぱに
包み蒸し焼きにする料理が有名です。材料が魚なら Pépés ikan、鶏肉なら Pépés
ayam になります。魚は養殖池の魚（ikan budidaya）が多いです。もしあなたが、
魚が苦手なときは、次のような言い方をするとよいでしょう。

例 Saya tidak suka ikan.　　私は魚が苦手です。
　　私　　〜でない　好き　魚

フレーズ1 ビールを頼む

Ada bir Bintang?
アダ　ビル　ビンタん

ビールビンタンありますか？

プラスα bir Bintangは次のことばに入れ替えることもできます。
és jeruk　オレンジジュース／air putih　水／és kopi　アイスコーヒー／jus mangga　マンゴージュース／és téh　アイスティー

文化 イスラム教徒が多数派の国ですがビールを飲む人もいます。Bir Bintangはインドネシアの代表的なビールで、さわやかな味が好まれています。もともとはオランダのビール会社ハイネケン（Heineken）が植民地時代に作り始めました。ハイネケンもビールビンタンもトレードマークは星（インドネシア語でbintang）です。

フレーズ2 辛くない料理をたずねる

Masakan mana yang tidak pedas?
マサカン　マナ　ヤん　ティダッ（ク）　プダス

どの料理が辛くないですか？

表現 Masakan mana「どの料理」の後に続くyangはなくても意味は変わりませんが、yangがあると先行する主語を強調します（→p.128）。

プラスα インドネシアでは赤唐辛子のほうが緑唐辛子より辛いイメージがあります。食べたいけれど辛さが心配という場合は、次のように言うとよいでしょう。　[例] Tolong jangan pedas. 辛くしないでください。／Jangan terlalu pedas ya. 辛すぎないようお願いね。

フレーズ3 ほかのお客さんと同じ料理を頼む

Saya ingin nasi goréng yang
サヤ　イギン　ナシ　ゴレん　ヤん
sama dengan méja di sana.
サマ　ドゥガン　メジャ　ディ　サナ

あちらのテーブルと同じ、ナシゴレンをお願いします。

表現 Saya ingin「私は～が欲しいです」の代わりに、Minta「～をください」を使っても同じ表現になります。

プラスα もう少し簡単な言い方は、Minta yang sama seperti itu. 「あれと同じモノをください」です。

 フレーズ4 ごはんのおかわりを頼む

Tolong tambah nasi lagi.
トろん　タンバ　ナシ　らギ

もっとごはんのおかわりをお願いします。

表現 〈Tolong tambah＋名詞＋lagi〉で「もっと～を追加してください＝～のおかわりをください」となります。日常的には客の立場なら、tolongのないTambah nasi lagi. 「おかわり」だけでも可能です。

161

BELANJA
ショッピング

SHOP

クラジナン　ベラッ(ク)
kerajinan pérak
銀細工品

クラジナン　ロタン
kerajinan rotan
籐製品

クラジナン　バンブ
kerajinan bambu
竹工芸品

ブラパ　　ハルガニャ　サトゥ　ブア
Berapa harganya satu buah?
1ついくらですか？

バジュ　ブリア
baju pria
紳士服

カマル　バス
kamar pas
試着室

Fitting Room

クレタ　　ドロん
keréta dorong
カート

アンダ　　ブーニャ　バティッ(ク)　ストゥラ
Anda punya batik sutera?
シルクのバティックはありますか？

バティッ(ク)
batik
バティック
（ろうけつ染め）

162

BALI

topéng
トペン
お面

tangga
タンガ
階段

barang bermérek
バラん ブルメレッ（ク）
ブランド品

tas
タス
バッグ

Saya mau ini. Bisa pakai
サヤ マウ イニ ビサ パカイ
kartu krédit?
カルトゥ クレディッ（ト）
これにします。クレジットカードは使えますか？

keramik
クラミッ（ク）
陶器

kosmétik
コスメティッ（ク）
化粧品

sepatu
スパトゥ
靴

ikat pinggang
イカッ（ト） ピンガん
ベルト

aksésori
アクセソリ
アクセサリー

cincin
チンチン
指輪

bonéka
ボネカ
人形

baju wanita
バジュ ワニタ
婦人服

ukiran patung kayu
ウキらン パトゥん カユ
木彫り像

KID'S

baju anak-anak
バジュ アナッ（ク） アナッ（ク）
子ども服

kasir
カシル
会計

ショッピングで使えるフレーズ

「買い物」はbelanja、「買い物をする」はberbelanjaと言います。
値切り交渉を楽しむなら、やはりpasar「市場」に行ってみましょう。

値段をたずねる

ブラパ　ハルガニャ　サトゥ　ブア
Berapa harganya satu buah?

1ついくらですか？

ドゥア　ラトゥス　リブ　ルピア
Dua ratus ribu rupiah.

20万ルピアです。
20万ルピア＝約1800円（2023.2現在）

mal「ショッピングモール」やsupermarkét「スーパー」では、商品には値札がついて定価で販売しているので日本と同じですが、売り手と買い手が交渉を経て値段が決まる市場は違います。値段交渉をするには、次のような表現があります。

ビサ　ディタワル
例 Bisa ditawar?　　まけてもらえますか？

〜できる　値段交渉する

ビサ　クラん
Bisa kurang?　　値引きしてくれませんか？

〜できる　不足する

フレーズ1 試食をする

Bisa dicoba?
（ビサ　ディチョバ）

試食できますか？

フレーズ2 日持ちをたずねる

Tahan berapa lama?
（タハン　ブラパ　らマ）

どのくらい持ちますか？

フレーズ3 食べ方をたずねる

Bagaimana cara masaknya?
（バガイマナ　チャラ　マサッ(ク)ニャ）

どのように料理するのですか？

フレーズ4 袋詰めにしてもらう

Tolong bisa masukkan ke kantong plastik?
（トろん　ビサ　マスッカン　ク　カントん　ぷらスティッ(ク)）

ビニール袋に入れてもらえませんか？

単語 masukkan ke（マスッカン　ク）　～に入れる／ kantong plastik（カントん　ぷらスティッ(ク)）　ポリ袋、ビニール袋

文化 ここ数年インドネシアでも、環境対策の一環としてジャカルタなどのスーパーで無料で提供されてきたレジ袋（ポリ袋）を有料化するという政策が進んでいます。

表現
〈助動詞 bisa「できる」＋ dicoba「試してみる」〉の言い方です。直訳すると「～を試すことは可能ですか？」で、必ずしも「～を試食できるか？」とはなりませんが、市場で食品の売り手に質問すれば、当然試食を意味します。

単語 tahan（タハン）　長持ちする／ lama（らマ）　（時間が）長い、古い

プラスα 「何か月間、何週間、何日間、何時間持つのか」と質問したい場合は、Tahan berapa bulan/minggu/hari/jam?（タハン　ブラパ　ブらン/ミングｸ/ハリ/ジャム）「何か月間/何週間/何日間/何時間持ちますか？」と言います。

プラスα
Bagaimana cara pakainya?（バガイマナ　チャラ　パカイニャ）という表現もあります。pakainya は「使い方／（衣服などの）着方」を意味し、「どのように使うのですか？」になります。

表現 bagaimana caranya（バガイマナ　チャラニャ）......「どのようなやり方ですか＝どうするんですか」という方法をたずねる表現があります。ここでは、動詞 masak「料理する」に接尾辞 nya が付いた派生語 masaknya「料理方法」が、先行する名詞 caranya と一体化して cara masaknya になっています。

市場で値引き交渉をする

　市場には、食材、衣料品、雑貨などさまざまな商品が売られています。新鮮な食材を求める利用客が集まる午前中が最も活気に満ちています。値引き交渉するときは、狙っている商品の価格をあらかじめ調べておく、売り手の言う価格の2～3割下くらいから応じる、売り手の姿勢が前向きでなければほかの店に行こうとするのがコツ。全体として値引き交渉自体を楽しむ姿勢が重要です。

ステップ**4** 旅行もビジネスもバッチリ！　場面別定番フレーズ

165

伝統工芸品を買う

ろうけつ染めした布地で作られるBatik「バティック」は、
インドネシアの民族衣装です。帰国するまでに一着は手に入れておきましょう。

バティック専門店でシルク素材の服を選ぶ

アンダ　プニャ　バティッ（ク）　ストゥラ
Anda punya batik sutera?

シルクのバティックはありますか？

ヤー　アダ　イギン　ワルナ　アパ
Ya ada, ingin warna apa?

はい（ございます）、何色をお求めですか？

punyaは「〜を持つ」を意味する語です。ada（ある、いるから転じて「持っている」
としても使われる）と同様、日常的によく使われています。

アンダ　プニャ　クメジャ
例 Anda punya keméja?　　ワイシャツはありますか？

　　　ある　　持っている　ワイシャツ

＊次の単語は、keméja と差し替えることができます。celana panjang 長ズボン／ celana péndék
　ショートパンツ／ rok スカート／ blus ブラウス／ kaus oblong Tシャツ

ボレ　ディチョバ
Boléh dicoba?　　　　　　試着しても構いませんか？

〜してもよい　試す

166

フレーズ1 試着したものを鏡で確認

サヤ　イギン　りハッ(ト)　カチャ
Saya ingin lihat kaca.

鏡を見たいです。

 フレーズ2 サイズについてたずねる

アダ　ヤん　るビ　クチる
Ada yang lebih kecil?

もっと小さいのはありますか？

単語
カチャ　　　　　　　　　チュルミン
kaca　ガラス、鏡／cermin　鏡

表現
Saya ingin... 「私は〜したいです」という言い方です。

単語
ブサル　　　　　　　　　パンジャん
besar　大きい／panjang　長い／
ペンデッ(ク)　　　　　ろンガル
péndék　短い、／longgar　ゆるい／
クタッ(ト)　　　　　　ティピス
ketat　ぴったりする、きつい／tipis
薄い／tebal　厚い／halus　繊細な、
トゥバる　　　ハルス
ソフトな／kasar　粗い、雑な
カサル

表現　〈ada yang lebih ＋形容詞?〉「もっと〜なのはありますか？」という言い方です。形容詞は、右上の単語と入れ替えることができます。
プラスα　インドネシアでの衣料品のサイズ(ukuran)は、S、M、L、all sizeという表示が一般的です。
ウクラン

 フレーズ3 色違いについて確認する

アダ　　ワルナ　　らイン
Ada warna lain?

ほかの色はありますか？

単語
ワルナ　　　　　メラ　　　　ヒジャウ
warna　色／mérah　赤／hijau　緑
ビル　　　　　プティ　　　　ヒタム
／biru　青／putih　白／hitam　黒／
クーん　　　　ヒジャウ　　　　カトゥン
kuning　黄／hijau　緑色／katun　綿
シるク　　　　ストゥラ
／silk　シルク／sutera　シルク

表現　ada .... lain?で、「ほかの〜はありますか？」となります。　[例] Ada bahan lain?　ほか
アダ　バハン　らイン
の素材はありますか？／Ada corak lain?　ほかの柄はありますか？
アダ　チョラッ(ク)　らイン

 フレーズ4 お店の中で見て楽しんでいるだけのとき

ハニャ　　りハッ(ト)　りハッ(ト)　　トゥリマ　カシ
Hanya lihat-lihat. Terima kasih.

見ているだけです。ありがとう。

プラスα
ビサ　サヤ　バントゥ
店でBisa saya bantu?「何
かお探しですか？」と聞かれたら、このように返事します。

世界無形文化遺産「バティック」

2009年10月ユネスコが世界無形文化遺産に指定したバティックは、王宮文化が育まれたジャワ島で発展してきました。日本では「ジャワ更紗」とも呼ばれるバティックは、幾何学模様や花鳥柄など独特な図柄や色合いが有名で、綿やシルクを用いワイシャツ、ワンピース、ネクタイ、ハンカチなどの衣料品からテーブルクロス、バッグ、財布まで各種あります。日常的に着てもよいし、男性なら長袖ワイシャツにスラックスを着ると披露宴のような場のフォーマルウエアにもなります。

支払いの際に使えるフレーズ

モールやスーパーでの支払いはkartu krédit「クレジットカード」が便利です。

カード払いについて店員にたずねる

サヤ マウ イニ ビサ パカイ カルトゥ クレディッ(ト)
Saya mau ini. Bisa pakai kartu krédit?

これにします。クレジットカードは使えますか?

トゥントゥ
Tentu.

もちろんです。

pembayaran「支払い」をする際は、uang tunai/cash「現金」、kartu débit「デビットカード」とともに、VISAやMASTERを中心に多くのクレジットカードが使用できます。以前はクレジットカード払いの際はtanda tangan「サイン」とNomor PIN「暗証番号」のどちらかが求められていましたが、現在は暗証番号だけになっています。

クレジットカードの支払い回数

インドネシアでは最初から1回払いのみで支払い回数を問われることはありません。ただしマンション、自動車、家電商品(パソコン、携帯電話)など高額で資産価値の高い商品の場合、販売前から銀行と相談している売り主が、分割での支払いを購入条件に認めるなど複数回払いになることがあります。

また低額商品が多いコンビニでは、現金払いが基本とされ、支払い額が一定の金額を超えるとクレジットカード使用が可能となるようです。カードは便利で安心ですが、日本と違うこともあるので気をつけて使いましょう。

フレーズ1 レシートをもらう

ミンタ　　　　レシニャ
Minta résinya.
レシートをください。

プラスα
résiレシート〈rési + nya〉のnyaは「この／その」程度の意味です。rési以外には、struk、bonなどがあります。これらはいずれも「レシート」「伝票」「勘定書き」に該当し、一方で「領収書／領収証」はkuitansiになります。

表 現　〈minta＋名詞〉で、「～をください」と依頼する表現になります。
　　　　[例] Minta kuitansi.　領収書をください。

フレーズ2 商品の交換をお願いする

ビサ　　ディトゥカル
Bisa ditukar?
交換していただけますか？

表 現　助動詞bisa「可能である」にditukar「交換する、取り替える」が付いた、丁寧なたずね方です。
プラスα　Bisa ditukarに前置詞dengan「～と」を付けると「～と交換してもらえますか？」という表現になります。
　　　　[例] Bisa ditukar dengan barang ini?　この品物と取り替えてもらえませんか？

フレーズ3 ビニール袋をお願いする

ビサ　　ミンタ　　カントん　　ぷらスティッ（ク）
Bisa minta kantong plastik?
ビニール袋をもらえますか？

単 語　kantong　袋／plastik　ビニール、プラスチック／kardus　段ボール箱／tali　ひも／isolasi　セロテープ
表 現　〈minta ＋名詞〉「～をください」という依頼表現に対して、助動詞bisaをmintaの前に置くことで、いっそう丁寧な言い方になります。

フレーズ4 ラッピングをお願いする

トろん　　　ブンクス　　ウントゥッ（ク）　　カド
Tolong bungkus untuk kado.
プレゼント用に包んでください。

単 語　kado　プレゼント／kado ulang tahun　バースデープレゼント／hadiah　贈り物、賞品／oléh-oléh　お土産品／tanda mata　記念品
表 現　〈Tolong ＋動詞〉で「どうか～してください」という丁寧な言い方です。ここではbungkus「包む、ラップする」が続いています。

WISATA
観光

Candi Borobudur
チャンディ　ボロブドゥル
ボロブドゥル寺院

stupa kecil
ストゥパ　クチる
小ストゥーパ（仏塔）

stupa induk
ストゥパ　インドゥッ（ク）
大ストゥーパ（仏塔）

Boléh masuk?
ボれ　マスッ（ク）
入っていいですか？

relief
レリーフ
レリーフ

museum seni
ムシウム　スニ
美術館

turis asing
トゥリス　アしン
外国人観光客

museum
ムシウム
博物館

pemandu wisata/guide
プマンドゥ　ウィサタ　ガイド
観光ガイド／ガイド

rombongan wisata
ロンボガン　ウィサタ
団体旅行

170

TOILET

toilét/WC
トイレ

Saya mau tikét untuk 1 orang
déwasa dan 2 orang anak.

大人1枚と子ども2枚のチケットをお願いします。

ruang paméran
展示室

pintu masuk
入り口

lokét
入場券売り場

lukisan dan foto
絵画と写真

Pertama kali ke Bali.

バリへ初めて来たんです。

kantin museum
館内食堂

informasi
インフォメーション

koléksi museum
博物館コレクション

pintu keluar
出口

toko cendera mata
売店

171

博物館や美術館で使えるフレーズ

ジャカルタにはMuseum Nasional「国立博物館」など、インドネシアの歴史や
文化に触れる博物館や美術館があります。のぞいてみてはどうでしょう。

美術館のチケットを購入する

サヤ　マウ　ティケッ(ト)　ウントゥッ(ク)　サトゥ　オらん
Saya mau tikét untuk 1 orang
デワサ　ダン　ドゥア　オらん　アナッ(ク)
déwasa dan 2 orang anak.

大人1枚と子ども2枚のチケットをお願いします。

バイク
Baik.

かしこまりました。

　国立博物館に日本語音声ガイドはありませんが、毎週火曜日と第1土曜日に
日本人ボランティアによる無料ガイドツアー(10時半より1時間程度)が行われ
ています。予約は不要です。一人で見学するのとは違う体験を得られるでしょ
う。関心のある方はインドネシア・ヘリテージ・ソサエティーのホームページ
(URL:heritagejkt.org)を開けてみてください。

　また、音声ガイドについて確認したいときは、次のような言い方をします。

アパカ　　アダ　　バンドゥアン　アウディオ　バハサ　イングリス
例 Apakah ada panduan audio bahasa Inggris?

　～ですか　ある　ガイド　　音声　　～語　イギリス
英語の音声ガイドはありますか？

フレーズ1 入場券を購入する

カルチス　マスッ（ク）ニャ　ブラバ
Karcis masuknya berapa?

入場券はいくらですか？

表現　ほかにもBerapa harga karcis?「チケット代はいくらですか？」という表現も使えます。

単語　harga　価格、代金／karcis/tikét　チケット

 フレーズ2 カメラの持ち込みについてたずねる

ボレ　バワ　カメラ　ク　ダラム
Boléh bawa kaméra ke dalam?

カメラは持ち込んでもいいですか？

表現　boléhで始まる丁寧に許可を求める表現です。ここではBoléh bawa ...? で「～を持ち込んでいいですか？」となっています。

 フレーズ3 展示の場所をたずねる

ディ　マナ　パメラン　クラミッ（ク）
Di mana paméran keramik?

陶磁器の展示はどこですか？

表現　di mana ...? は、何かの場所をたずねる際に使う疑問表現です。
[例] Di mana paméran ...?　～の展示はどこですか？

単語　paméran　展示／arca　仏像、石像／prasasti　碑文／keramik　陶磁器／numismatik　貨幣／barang kerajinan　手工芸品／benda berharga　財宝／buku langka　希少本／rélik sejarah　歴史的遺物／seni rupa　絵画／barang antik　骨董品

 フレーズ4 閉館時間を確認する

トゥトゥッ（プ）　ジャム　ブラバ
Tutup jam berapa?

閉館時間は何時ですか？

表現　Jam berapa?は時刻をたずねる際の言い方です。ここで注意して欲しいのは、Berapa jam?のように順番を逆にはしないことです。なぜならこれでは「何時間ですか？」と聞いてることになってしまうからです。

単語　tutup　閉まる、閉じる／buka　開く／jam tutup　閉館時刻／jam buka　開館時刻

 プラスα

施設内で見かける掲示板
博物館や美術館内では次のような掲示をよく見かけるでしょう。指示に従うようにしましょう。Dilarang Merokok「禁煙」、Dilarang Memotrét「撮影禁止」、Jangan Pegang!「触れないでください！」

観光スポットで使えるフレーズ

国際的観光地として知られるバリ島、
ここにはpura「ヒンドゥー寺院」や美しいpantai「ビーチ」が数多くあります。

寺院の中に入ってよいか確認する

ボレ マスッ（ク）
Boléh masuk?

入っていいですか？

ヤー ボレ シラカン
Ya, boléh. Silakan
バカイ サルん イニ
pakai sarung ini.

ええ、いいですよ。
このサルンを身につけてください。

　ヒンドゥー教の寺院など、宗教施設を訪れる際には、服装に注意してください。肌を露出するノースリーブ、ショートパンツ、タンクトップ、ミニスカートなどの服装で訪問するのは控えましょう。Tシャツ、ジーパンが無難です。バリ島のプラでは、sarungと呼ばれる腰巻きの布を有料で貸し出しているところもあります。この点は、イスラム教徒が礼拝するMasjid「モスク」においても同様です。禁止事項などについては、確認しましょう。

例 マアフ ボレ サヤ ムモトレッ（ト） ディ シニ
Maaf boléh saya memotrét di sini?
　すみません 〜してもよい 私 写真を撮る 〜で ここ

すみません、ここで写真を撮ってもいいですか？

ボレ マスッ（ク） ドゥガン バカイアン イニ
Boléh masuk dengan pakaian ini?
　〜してもよい 入る 〜で 服 この

この服装で入ってもいいですか？

フレーズ1 写真撮影をお願いする

Maaf, bisa tolong foto saya?
マアフ　　ビサ　　トろん　　フォト　　サヤ

すみません、私の写真をお願いできますか？

ステップ **4**

旅行もビジネスもバッチリ！ 場面別定番フレーズ

単語
maafと同じ「すみません」にはpermisi（ブルミシ）もあります。

表現　bisa tolongは、bisa「～できる」に何かをお願いする際の語tolongを重ねた言い方です。ここには「写真を撮る」にあたる動詞はなく、目的語foto saya「私の写真」が続いています。

フレーズ2 写真を一緒に撮ってもらえますか？

Boléh foto bersama?
ボれ　　フォト　　ブルサマ

一緒に写真を撮ってもいいですか？

単語
bersama　一緒に

プラスα　ほかにも、次のような言い方ができます。

[例] Boléh merekam vidéo?（ボれ　ムルカム　フィデオ）ビデオ撮影してもいいですか？（merekam ～を録画する、vidéo ビデオ）／ Boléh pakai flash?（ボれ　パガイ　フらッシュ）フラッシュを使ってもいいですか？（pakai 使う、flash フラッシュ）。

フレーズ3 場所を指定して撮影をお願いする

Bisa ambil foto dengan papan nama itu?
ビサ　　アンビる　　フォト　　ドゥガン　　パパン　　ナマ　　イトゥ

あの看板と一緒に撮ってもらえませんか？

単語　foto 写真／ dengan ～と、～と一緒に／ papan nama 看板
表現　ambil foto 写真を撮る（ambilは具体的に何かを取るにもなります、ambil buku（アンビる　ブク）「本を取る」）
プラスα　「看板の前で」なら di depan ... 、「看板の横で」なら di samping ...（ディ　サンピン）となります。

フレーズ4 もう一度撮ってもらうようにお願いする

Maaf, tolong bisa ambil sekali lagi?
マアフ　　トろん　　ビサ　　アンビる　　スカり　　らギ

すみません、もう1回撮ってもらえますか？

単語　bisa できる／ sekali（スカり）1回／ lagi（らギ）さらに、sekaliはsatu kali「1回」と同じです。
プラスα　「写真を撮る」という表現はmemotrét（ムモトレッ(ト)）や、ambil fotoですが、ここでは名詞fotoが省略されています。またインドネシア人も大好きな自撮り棒はtongkat narsis（トンカッ(ト)　ナルシス）の略称、tongsis（トんシス）で知られています。ちなみにtongkatは棒、narsisは自己中心です。

175

現地の人との会話で使えるフレーズ

日本製品、日本料理、そしてアニメやゲームなどを通して
インドネシアの人々は日本に親近感をもっています。

現地の人とインドネシア語で会話する

アパカ　　アンダ　　ブルドゥア　　ジュガ　　トゥリス
Apakah Anda berdua juga turis?

あなたたち2人とも旅行者ですか？

ヤー　　プルタマ　　カリ　ク　バリ
Ya, pertama kali ke Bali.

ええ、バリへ初めて来たんです。

　世界中の観光客やサーファーを魅了するバリ島、近年は経済成長の恩恵を受け国内各地から訪れるインドネシア人旅行者（turis lokal）が増えてきました。インドネシア語ではわからない単語を英語で補いながら会話（percakapan）してみると、ガイドブックには書いていない情報を得られるかもしれません。

　インドネシア人の旅行者かどうかは、次のようにたずねてみるとよいでしょう。

例 A:
タピ　オランン　　インドネシア　　カン
Tapi orang Indonésia, kan?　　でもインドネシア人ですよね？

しかし　人　　　インドネシア　　〜ですよね

B:
ヤー　　ティンガル　ディ　バンドゥん
Ya, tinggal di Bandung.　　ええ、バンドンに住んでいるんです。

はい　　住む　　〜に　　バンドン

176

フレーズ1 インドネシアに来た目的を話す

サヤ　ダたん　ク　バリ　ウントゥッ（ク）　ムりハッ（ト）　タリ　ケチャッ（ク）
Saya datang ke Bali untuk melihat tari Kécak.

ケチャダンスを見にバリに来ました。

単語 datang 来る／untuk ～のため／melihat 見る／tari Kécak ケチャダンス（tari 踊り）

文化 ケチャダンスはインド神話ラーマヤーナに基づく舞踏劇です。男声による猿の鳴き真似「チャッ、チャッ」をBGMに、腰布のみを身にまとい耳にハイビスカスの花を付けた男性たちがつくる輪の中を、伝統衣装を身につけた美しい女性ダンサーが踊ります。

フレーズ2 インドネシア語を勉強していることを伝える

ブらジャル　バハサ　インドネシア　ディ　ウニフェルシタス
Belajar bahasa Indonésia di univérsitas.

大学でインドネシア語を勉強しています。

プラスα di univérsitas「大学で～」という言い方は、次のことばと入れ替えて言うこともできます。
radio ラジオ／tempat kursus 講習会、レッスン、講座（カルチャーセンターなど）／
TV テレビ／Youtube ユーチューブ／internét インターネット

フレーズ3 ゆっくり話してもらうようにお願いする

マアフ　ビサ　ビチャラ　プらン　プらン
Maaf, bisa bicara pelan-pelan?

すみません、ゆっくり話してもらえますか？

表現 pelan-pelan「ゆっくりと」、と似たような表現として lebih lambat「もっとゆっくりと（lebih もっと、一層、lambat 遅い）」、lebih jelas「もっとハッキリと（jelas ハッキリと）」などあります。

プラスα あまりにも早く感じられたら、Maaf, tolong jangan terlalu cepat.「すみません、早すぎないようにお願いします」という丁寧な表現もあります。
terlalu「～過ぎる」と cepat「早い」の前に、禁止の命令表現 jangan「～するな」を置いて、さらにその前に tolong「どうか～してください」をかぶせています。

フレーズ4 喜んでいることを伝える

サヤ　スなん　スカり　ビサ　ビチャラ
Saya senang sekali bisa bicara

ダらム　バハサ　インドネシア
dalam bahasa Indonésia.

インドネシア語で話すことができて、とてもうれしいです。

単語 dalam ～で／senang sekali とてもうれしい、楽しい、幸せな

KEHIDUPAN SEHARI-HARI
日常生活

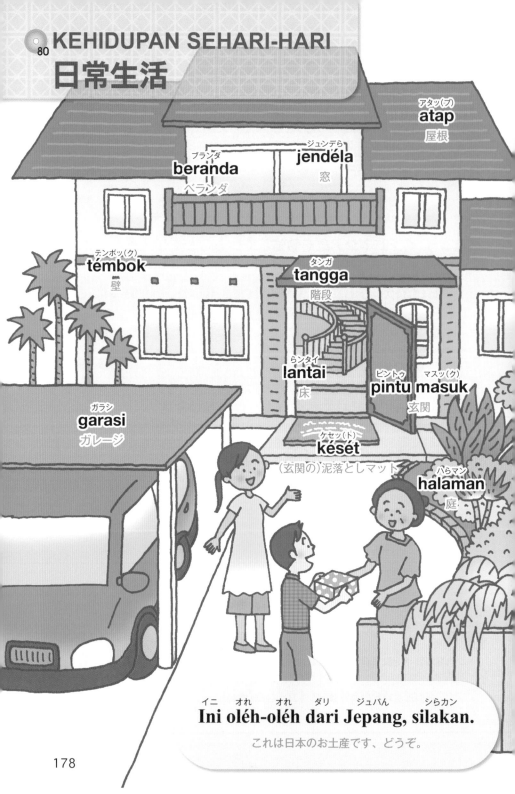

アタッ（プ）
atap
屋根

ジュンデら
jendéla
窓

ブランダ
beranda
ベランダ

テンボッ（ク）
tembok
壁

タンガ
tangga
階段

らンタイ
lantai
床

ピントゥ　マスッ（ク）
pintu masuk
玄関

ガラシ
garasi
ガレージ

ケセッ（ト）
kését
（玄関の）泥落としマット

はらマン
halaman
庭

イニ　オれ　オれ　ダリ　ジュパン　シらカン
Ini oléh-oléh dari Jepang, silakan.
これは日本のお土産です、どうぞ。

178

友人宅訪問の際に使えるフレーズ

インドネシア人は、知人・友人を自宅に招いて家族に紹介したり、
食事に招待するのが大好きです。

お土産を渡す

イニ　オれ　オれ　ダリ　ジュパん　シらカン
Ini oléh-oléh dari Jepang, silakan.
これは日本のお土産です、どうぞ。

アドゥ　ジャガン　レポッ（ト）レポッ（ト）
Aduh, jangan répot-répot.
まあ、お構いなく。

インドネシア人の友人宅を訪れる際は、手土産を持参しましょう。和風のもの
が喜ばれます。お土産を前にしたインドネシア人の反応は、すぐに感謝の気持ち
を Terima kasih！「ありがとう！」ということばで表す人、Jangan répot-répot.「お
構いなく」という人などさまざまです。

Jangan répot-répot. は、形容詞 répot「面倒な、煩わしい」を重ねて強調した後、
禁止の命令形 jangan を付けて、「そこまで気を遣う必要はないですよ＝お構いな
く」という意味で使われています。ただし「くれなくても構わない」というわけで
はなく、うれしいけれど相手の面倒を考えてストレートな Terima kasih. より一
歩引いた感じです。このあたりの気遣いは日本人に通ずるものがあります。

トゥリマ　カシ　マアフ　ムレポッ（ト）カン
例 Terima kasih, maaf merépotkan.
　ありがとう　　すみません　気を遣わせて

ありがとう、気を遣わせて
しまって。

180

フレーズ 1 家についての感想

バグス　　ヤー　　　　　ルマニャ
Bagus ya rumahnya.

素晴らしいですね、お家は。

表 現
Bagus ya は最後に ya が付くことで親しい者同士で用いる「〜でしょう？／〜ですよね？」というニュアンスになります。また最後の rumahnya は〈rumah「家」＋接尾辞 nya〉ですが、この nya は「あなた」を意味します。

 フレーズ 2 家の中を案内してもらう

カラウ　　ボれ　　　サヤ　　マウ　リハッ（ト）　ダらム　　　ルマ
Kalau boléh, saya mau lihat dalam rumah.

よろしければ、家の中を見たいのですが。

単 語 intérior 内装、インテリア／ékstérior rumah 家の外観

表 現 Kalau boléh ...「よろしければ〜」という仮定表現です。さらに丁寧な表現には、Kalau tidak keberatan ...「差し支えなければ〜」があります。

フレーズ 3 家族についてたずねる

フォト　イニ　　クるアルガ　　カカッ（ク）
Foto ini keluarga Kakak?

この写真はあなたの家族ですか？

単 語
teman-teman
kantor　会社の同僚／
teman-teman semasa
SMA/kuliah　高校時代・大学時代の友人たち

表 現 keluarga Kakak の Kakak は 20 歳代独身男女に対する「あなた」を意味する 2 人称代名詞の 1 つです。相手が既婚か、独身でも 30 歳代以上の男性なら Bapak、同条件の女性なら Ibu、20 歳未満男女なら Adik を用いますので、使い方は要注意です。

フレーズ 4 家族のことを説明する

イニ　オらん　トゥア　サヤ
Ini orang tua saya.

これが私の両親です。

単 語 ［家族を表すことば］
ayah 父親／ibu 母親／kakék 祖父／nénék 祖母／abang/kakak laki-laki 兄／mbak/kakak perempuan 姉／adik laki-laki 弟／adik perempuan 妹

Ibu（人称代名詞）と ibu（名詞）の使い方

　家族を表すことばは、名詞であると同時に Ibu のように 2 人称代名詞「あなた」としても使われます。そこで、人称代名詞のときは、どこにいても大文字始まり（Ibu）、名詞の場合は文頭ではない限り小文字（ibu）という表記で区別しています。

友人宅のディナーで使えるフレーズ

本格的な Undangan「ご招待」です。

家庭料理を楽しみながら、インドネシア語にチャレンジしましょう。

食事の際の会話

シラカン マカン ジャガン まる まる ヤー
Silakan makan, jangan malu-malu ya.

どうぞ召し上がって、遠慮しないでね。

ヤー トゥリマ カシ
Ya, terima kasih.

ええ、ありがとう。

　　Malu-maluは「恥ずかしい、恥ずかしがる」という意味の形容詞ですが、これに禁止の命令形janganが付いて「恥ずかしがるな＝遠慮しないで」という意味としてよく使われています。Mau tambah nasi lagi?「ごはんおかわりしますか？」と勧められたら、Ya, mau.「はい、お願いします」と答えましょう。tambahは「追加」を意味する名詞で、副詞lagi「もっと」がついて「もっと追加は＝おかわりは」です。例文のようにtambaとlagiの間に食べ物（nasi「ごはん」）があるので、ゲストにとってはいっそう具体的に聞かれていることになります。

トイレは家の裏側に

　　「トイレ」という名詞には例文以外に WC、ウェセー kamar kecil があります。kamar kecil は、〈kamar 部屋 ＋ kecil 小さい ＝「小部屋」〉で意味はトイレです。
　　また「トイレに行く」という表現には ke belakang があります。belakang は「裏、後ろ、背中」を意味しますが、インドネシアでは通常、トイレが家の裏側にあることから「裏へ行く＝トイレに行く」という意味で使われます。

フレーズ1 食事の際のあいさつ

トゥリマ　カシ
Terima kasih.

ありがとう、いただきます。

表現　日本語の「いただきます」や「ごちそうさまでした」は、料理を作ってくれた相手や料理自体に感謝する表現として普通です。しかしインドネシアではこれに該当することばはありません。代わりに感謝の気持ちを伝えるTerima kasihが同様のニュアンスになります。イスラム教徒は、食事の前に神様への感謝表現の1つBismillah「神の名において」をよく使います。

 フレーズ2 食事や料理に満足している気持ちを表す

マサカン　イブ　エナッ（ク）　スカり
Masakan Ibu énak sekali.

奥様のお料理はとてもおいしいです。

表現　単純に「非常においしい」だけならénak「おいしい」に副詞sekali「非常に～な」を添えるénak sekaliで十分ですが、ここでは主語Masakan Ibuがあります。Ibuは基本的に既婚女性や年配の女性に対する丁寧な「あなた」ですが、状況により「奥様」にも「お母さん」にも訳せます。

 フレーズ3 日本の食べものに例える

サテ　アヤム　カラウ　ディ　ジュパン　ヤキトリ
Saté ayam? Kalau di Jepang, yakitori.

サテアヤムですか？　日本では焼き鳥です。

表現　kalau ...「もし～ならば」という仮定表現です。

プラスα　串焼き料理を指すsatéに鶏ayamがついていますが、ほかにsaté kambing　ヤギの串焼き、saté sapi　牛の串焼き、saté babi　豚の串焼き（主にバリ島のヒンドゥー教徒など、非イスラム教徒の住民が多い地域で食べます）などもあります。

 フレーズ4 トイレを借りたいとき

マアフ　ディ　マナ　トイレッ（ト）
Maaf, di mana toilét?

すみません、トイレはどこですか？

表現
di mana ...?は「～はどこですか？」という場所をたずねる言い方です。

プラスα　[belakangを使う場合]　Saya mau ke belakang.　トイレに行きたいのですが。
Saya mau cuci tangan.　手を洗いたいのですが。

結婚・披露宴に関わるフレーズ

Resépsi Pernikahan「結婚披露宴」に招待されました。日本ではそう簡単な
ことではありませんが、インドネシアなら意外にあり得ます。

ルセプシ ブルニカハン

友人から披露宴に誘われる

マリコ マウ イクッ(ト) ク
Mariko, mau ikut ke
ウンダガン ブルニカハン
undangan pernikahan?

マリコ、結婚披露宴にくるつもりはある？

トゥントゥ カパン
Tentu, kapan?

もちろん、いつなの？

　　Resépsi Pernikahanは、resépsi「宴会」と、「結婚」を意味するフォーマルな名
詞pernikahanが合わさった表現です。会話では、マリコを誘う際にundangan
pernikahanと言っていますが、undanganが「招待」を意味し、pernikahanは
resépsiが略された形になり「披露宴への招待」に誘うニュアンスになります。

フレーズ1 披露宴に着ていく服装について

スバイクニャ　ベソッ（ク）　サヤ　パケイ　アパ　ヤー
Sebaiknya bésok saya pakai apa ya?

明日、私は何を着ていけばよいのかしら？

表現　副詞sebaiknya「～したほうがよい、～すべきだ」は文頭におき、sebaiknya以下がかかってきます。似たような表現には、seharusnya、lebih baik などがあります。

フレーズ2 披露宴会場で受付をすませる

スラマッ（ト）　シアん　サヤ　マリコ
Selamat siang, saya Mariko
ダリ　ジュパん　トゥマン　ヘスティ
dari Jepang, teman Hésti.

こんにちは、私はヘスティの友だちで、日本から来たマリコです。

表現　STEP-2 第3課（→p.44）、第12課（→p.62）の自己紹介で用いられている表現です。

フレーズ3 新郎新婦にお祝いを伝える

スラマッ（ト）　ムヌンブ　ヒドゥッ（ブ）　バル
Selamat menempuh hidup baru!

ご結婚おめでとうございます！

単語　pengantin pria 花婿／ pengantin wanita 花嫁／ akad nikah 結婚式（イスラム教）／ cincin kawin 結婚指輪／ mas kawin 結納品／ suvenir引き出物／ bulan madu ハネムーン

フレーズ4 インドネシア語がよくわからないとき

アパ　カタニャ
Apa katanya?

何を話しているんですか？

表現

katanyaのnyaは、「話をしている人」（彼や彼女dia）を意味します。Apa kata dia? でもよいのですが、日常会話では接尾辞nyaに変わり、先行する名詞kataにつきます。

単語　pidato スピーチ／ MC 司会／ kata sambutan 祝辞
プラスα　Tidak mengerti. わかりません。／ Bisa diterjemahkan sedikit? 少し訳してもらえませんか？

披露宴で見かける伝統的な服装

招待客の服装、現地では女性なら kebaya と呼ばれるジャワの伝統的ブラウスやドレス、男性はバティックの長袖シャツにスラックスが一般的です。外国人の場合男性は上述の通りにして、女性はバティックのワンピースや、クバヤにバティックの巻きスカートでよいでしょう。

 は装飾的な葉のアイコンです。

KESULITAN
トラブル

Saya sakit perut.
サヤ　サキッ（ト）　ブルッ（ト）
私、おなかが痛いんです。

resép obat
ルセッ（プ）　オバッ（ト）
処方箋

dokter
ドクトゥル
医師

apotéker
アポテクル
薬剤師

Ada apa?
アダ　アパ
どうしましたか？

perawat
プラワッ（ト）
看護師

pasién
パシエン
患者

rumah sakit
ルマ　サキッ（ト）
病院

klinik
クリニッ（ク）
クリニック

apoték
アポテッ（ク）
薬局

186

体調が悪いときに使えるフレーズ

最近ジャカルタでは、日本で看護師資格を取得し、病院勤務を経て帰国するなど日本語が話せる看護師のいる医療機関もあります。

おなかが痛いことを伝える

アダ　アパ
Ada apa?
どうしましたか？

サヤ　サキッ（ト）　プルッ（ト）
Saya sakit perut.
私、おなかが痛いんです。

「私は〜が痛いんです」と言いたいときは、〈主語＋sakit「痛い、病気」＋体の部位名〉で表現できます。また「私は〜をケガした」には、luka「ケガ」やterluka「ケガをする」などの語彙を用い、〈主語＋terluka＋di「〜に」＋体の部位名〉で表現できます。ふろくの「体の部位を表す単語」（→p.222）を参考にしてください。

例 サヤ　サキッ（ト）　ギギ
Saya sakit gigi.　私、歯が痛いんです。
　私　痛い　歯

サヤ　トゥルるカ　ディ　クバら　ダン　ビビ
Saya terluka di kepala dan pipi.　私は頭と頬にケガしています。
　私　ケガする　〜に　頭　〜と　頬

フレーズ1 体調不良の症状を伝える

<ruby>サヤ<rt></rt></ruby> <ruby>ドゥマム<rt></rt></ruby>
Saya demam.

熱があります。

単 語 ［体調不良やケガに関することば］

mual 吐き気／kedinginan 寒
気／diaré 下痢／pusing めま
い／luka bakar やけど／gigitan
nyamuk 虫刺され／sembelit 便
秘／ambéien 痔

プラスα Saya kurang énak badan. 私は体調不良です。／Saya tidak ada nafsu makan. 食欲
がありません。

フレーズ2 アレルギー体質のことを伝える

<ruby>サヤ<rt></rt></ruby> <ruby>アダ<rt></rt></ruby> <ruby>アレルギ<rt></rt></ruby>
Saya ada alérgi.

私はアレルギー体質です。

プラスα
病名（nama penyakit）：
masuk angin/flu 風邪

表 現 Saya ada....で「私には～があります」という表現です。アレルギーの種類を伝えるには、
alérgiの後に原因となる食品名などを続けます。
［例］Alérgi kepiting. カニアレルギーです。／Alérgi daging sapi. 牛肉アレルギーです。

フレーズ3 ふだん服用している薬について伝える

<ruby>サヤ<rt></rt></ruby> <ruby>スらる<rt></rt></ruby> <ruby>ミヌム<rt></rt></ruby> <ruby>オバッ(ト)<rt></rt></ruby> <ruby>ダラ<rt></rt></ruby> <ruby>ティンギ<rt></rt></ruby>
Saya selalu minum obat darah tinggi.

私はいつも高血圧の薬を飲んでいます。

単 語 suntik 注射／infus 点滴／stéril 消毒／koyo 湿布／obat masuk angin 風邪薬／obat
penurun panas 解熱剤／anti nyeri 鎮痛剤／obat diaré 下痢止め薬／antibiotik 抗生物
質／operasi 手術／opname 入院／surat keterangan dokter 診断書／setiap hari 毎
日／sehari dua kali 1日に2回／sebelum makan 食前に／sesudah makan 食後に

プラスα Tolong beritahu cara minum obat. 薬の飲み方を教えてください。

フレーズ4 女性特有の状態について伝える

<ruby>サヤ<rt></rt></ruby> <ruby>スだん<rt></rt></ruby> <ruby>ハミる<rt></rt></ruby>
Saya sedang hamil.

妊娠中です。

表 現 助動詞sedangがあるので文の時制は現在進行形です。
プラスα Saya sedang méns. 私は生理中です。

旅行中のトラブルで使えるフレーズ

道に迷ったり、電車に乗り遅れたりなど、トラブルはいつでも起こりえます。

予定フライトがキャンセル、代替便について聞く

マアフ　　　　　ブヌルバガン　　　　バパッ（ク）　　スダ　　　ディバタるカン
Maaf, penerbangan Bapak sudah dibatalkan.

すみません、お客様のフライトはすでに欠航です。

アダ　　　ブヌルバガン　　　　ブンガンティ　　ダン　　ジカ
Ada penerbangan pengganti dan jika
アダ　ジャム　ブラバ
ada jam berapa?

代わりのフライトはありますか、そしてあるなら何時ですか？

　多くの島々からなる国なので国内移動には飛行機が便利です。また交通インフラが比較的整備されているジャワ島内なら「インドネシア鉄道」（KAI）、道路が整備されてきたスマトラ島、バリ島までを含めればBus AKAP「州間遠距離バス」も便利です。最近ではKAIや高級バス（エアコン付き）のサービス改善も進み、事故の減少、時刻表通りの運行、安全性や快適性強化がなされています。
　反対に飛行機では格安航空会社（LCC）を中心に欠航（pembatalan）や長時間の「遅延」が最近頻発しています。需要の多いジャワ島都市間の料金だけを比較すると、KAIの特急指定席乗車券とLCCの最安料金と同じくらいになっています。格安航空会社を利用するなら、そのリスクを考慮した予定を立てましょう。

190

フレーズ1 道に迷ったとき

<ruby>サヤ<rt>サヤ</rt></ruby> <ruby>トゥルスサッ（ト）<rt>トゥルスサッ（ト）</rt></ruby>

Saya tersesat.

道に迷いました。

表現
tersesatだけで「道に迷う」という言い方です。困った際は使ってください。

 フレーズ2 お釣りが足りないとき

クンバリアン　クラン

Kembalian kurang.

お釣りが足りません。

単語
名詞kembalianは、語根動詞kembali「戻る」に接尾辞anがついた派生語「戻ってくるモノ＝お釣り」です。ほかにuang「お金」を付けたuang kembali「戻ってくるお金＝釣り銭」もあります。

プラスα ほかにも次のような表現があります。　［例］Hitungannya salah. 計算が間違っています。／Uangnya sudah saya bayar. 代金はもう払いました。

 フレーズ3 料金が最初の話と違う場合

オンコス　ブルベダ　ドゥガン　プンジュらサン　スムら

Ongkos berbéda dengan penjelasan semula.

料金が最初の説明と違います。

単語 uang お金／tarif 料金／biaya 費用・経費／harga 値段・価格
表現 ...... berbéda dengan ...... で「～は…と違う」という言い方です。

フレーズ4 自分の責任ではない場合

ブカン　タングン　ジャワッ（ブ）　サヤ

Bukan tanggung jawab saya.

私の責任ではありません。

表現 ほかにも次のような表現があります。　［例］Itu/Ini bukan tanggung jawab saya. それ（これ）は私の責任ではありません。／Itu tanggung jawab Anda. それはあなたの責任です。

道に迷ったら現地の人にたずねてみる

道に迷った？　と思ったときは、インドネシア人にたずねてみましょう。
Jalan ini benar?「この道は正しいですか？」、Dari sini dekat / jauh? ここから近い（遠い）ですか？／Ibu tahu di mana tempatnya? あなたはその場所がどこか知っていますか？（ここの「あなた」は既婚か、目上の女性に対する人称代名詞です。間違っても男性には使わないでください）

191

紛失や盗難、交通事故などが発生したとき

kesulitan「トラブル」に備え、kehilangan「紛失」、pencurian「盗難」、
kecelakaan lalu lintas「交通事故」などのことばを覚えておきましょう。

パスポートの紛失を伝える

Paspor saya hilang.

パスポートがなくなったんです。

Anda harus buat dokumén di kepolisian.

あなたは警察で書類を作らなければなりません。

　旅行中パスポートの紛失が起きた場合は、警察署で盗難届けを出してSurat Laporan Kehilangan Barang「盗難証明書」を取得し、それをもとに大使館や領事館で再発給手続きが必要です。

例 Tolong buat surat tanda terima ini.

どうか～してください　作る　文書　証明　受け取り　この

この届出証明書を作ってください。

Saya mau menghubungi Kedutaan atau Konsulat.

私　～したい　連絡する　大使館　あるいは　領事館

大使館か領事館に連絡を取りたいのですが。

フレーズ1 被害について説明する

ドンペッ（ト）　　ディチュリ
Dompét dicuri.

財布が盗まれました。

表現　〈名詞＋dicuri〉で、「〜が盗まれた」です。ほかの単語と入れ替えることもできます。tas jinjing ショルダーバッグ／ jam tangan 時計／ laptop　ノートパソコン／ kaméra　カメラ

単語　dicopét　スリに遭う／ dijambrét　引ったくられる／ dirampok　強盗に遭う／ ditipu/ tertipu　騙される

フレーズ2 被害届を出す

サヤ　　　ダたん　　　ウントゥッ（ク）　　らボル　　　　プンジャンブレタン
Saya datang untuk lapor penjambrétan.

引ったくりを申告するために来ました。

表現　〈datang untuk lapor＋名詞〉で「〜を申告するために来た」になります。
単語　pencurian　盗難／ pencopétan　スリ／ perampokan　強盗／ penipuan　詐欺

フレーズ3 置き忘れをしたとき

タブれッ（ト）　　　クティンガらン　　ディ　　バンク
Tablét ketinggalan di bangku.

ベンチにタブレットを置き忘れました。

表現　〈名詞＋ketinggalan〉で「〜を置き忘れた」という言い方です。もし「私の」としたい場合は、名詞の後に人称代名詞をつけます。　［例］HP saya ketinggalan di keréta.　電車に私の携帯を置き忘れてしまった。
プラスα　Hati-hati!　気をつけて／ Awas!　危ない／ Tolong!　助けて／ Tangkap!　捕まえて／ pencuri!　泥棒／ Lost and Found　遺失物取扱所／ tabrakan　衝突事故
文化　置き忘れは、財布よりも手に持っているモノを横に置いたりしたときが意外と危ないのです。Satpam「警備員」がパトロールしているので、気付いたらすぐにたずねましょう。

フレーズ4 交通事故に遭ったとき

サヤ　　　ムガらミ　　　クチュらカアン　　らる　　　リンタス
Saya mengalami kecelakaan lalu lintas.

私は交通事故に遭いました。

表現　〈mengalami＋名詞〉で「〜を経験／体験する」という表現になります。インドネシア語の動詞には時制がないので、現在形や未来形にも訳せます。
プラスα　Tolong panggil ambulans!　救急車を呼んでください！
Tolong panggil polisi!　警察を呼んでください！

打ち合わせの準備に使えるフレーズ

クライアントとのアポイントは重要です。丁寧な表現で話してください。

アポイントを取る

サヤ　イギン　ムンブアッ（ト）　ジャンジ
Saya ingin membuat janji.
アダ　ワクトゥ　アワる　ブらン　ドゥパン
Ada waktu awal bulan depan?

アポイントを取りたいのですが。
来月上旬にお時間ありませんか？

マアフ　アワる　ブらン　ドゥパン　サヤ　ク　るアル　コタ
Maaf, awal bulan depan saya ke luar kota.

すみません、来月上旬は出張なのです。

　　　.... ingin membuat janjiは「約束したい」ですが、ここでは相手と「会う約束を取りたい＝アポイントを取りたい」と意訳しています。もう少し明確にしたい場合は、untuk bertemu Bapak「あなたに会うために」をjanjiの後に付けます。
　　　Ada waktu ....の後にawal ではなくpertengahan「途中」、akhir「終わり」に換えると来月中旬や来月下旬の意味になります。 .... ke luar kotaは直訳では「町の外へ行く、郊外に出向く」ですがビジネスでは「出張する」と訳せます。

196

フレーズ1 代案を出す

Bagaimana kalau akhir bulan ini?
バガイマナ　カロウ　アヒル　ブラン　イニ

今月下旬ならいかがですか？

表現　Bagaimana kalauで「もし～ならばどうですか」という意味で使えます。
[例] Bagaimana kalau tanggal 17 Juli? 7月17日ならいかがですか？

単語　awal minggu ini 今週初め／ pertengahan minggu ini 今週半ば／ akhir minggu ini 今週末／ awal bulan ini 今月上旬／ pertengahan bulan ini 今月半ば

フレーズ2 オンライン会議の招待状を送る

Saya akan kirim undangan meeting online hari Rabu.
サヤ　アカン　キリム　ウンダガン　ミーティン　オンライン　ハリ　ラブ

水曜日のオンライン会議の招待状を送ります。

表現　ここでは未来形になる助動詞akanを動詞の前においていますが、代わりにほかの副詞を使うことでニュアンスを変えられます。例えばsegeraをakanの位置におけば「すぐに～を送ります」になります。

プラスα　Silakan masuk dengan meeting ID dan passwordnya.
ミーティングIDとパスワードで出席願います。

フレーズ3 待ち合わせ場所の確認

Baik, kami tunggu Ibu di depan méja résépsionis.
バイク　カミ　トゥングー　イブ　ディ　ドゥパン　メジャ　レセプシオニス

わかりました。受付カウンター前でお待ちしています。

表現　形容詞baikはもともと「よい」ですが、ここでは「了解した＝わかりました」という意味で使っています。

フレーズ4 ミーティングの予定を変更したいとき

Selamat siang, tentang meeting bisa kita ubah?
スラマッ（ト）　シアん　トゥンタん　ミーティん　ビサ　キタ　ウバ

こんにちは、ミーティングについて変更可能ですか？

プラスα　もし相手からYa, ada apa?「ええ、（でも）何があったんですか？」と問われたら、謝った後に次のように言いましょう。Mohon maaf, ada hal yang sangat mendesak. 申し訳ございません、緊急なことがありまして。

打ち合わせで使えるフレーズ

打ち合わせの最初は、あいさつをしながら kartu nama「名刺」を交換します。

名刺を交換する

スナン　ブルトゥム　ドゥガン　アンダ　ブ
Senang bertemu dengan Anda, Bu
サリ　イニ　カルトゥ　ナマ　サヤ
Sari. Ini kartu nama saya.

サリさん、お目にかかれて光栄です。これが私の名刺です。

トゥリマ　カシ　バッ(ク)　アイダ　イニ　カルトゥ　サヤ
Terima kasih Pak Aida, ini kartu saya.

アイダさん、ありがとうございます、これは私の名刺です。

　インドネシアで会社員の人から名刺をもらうと、ほぼ社名の最初に PT という記載があります。これは株式会社（Perséroan Terbatas = PT）の略称で、日本では（株）に該当します。名刺を交換しながら交わすことばとしては、下記のようなやりとりがあります。Lumayan「まあまあ」の代わりに、Baik「好調です」、Cukup baik「充分好調です」、Cukup sibuk「けっこう忙しいです」などを使ってみましょう。

例 バガイマナ　ビスニス　アンダ
Bagaimana bisnis Anda?　ビジネスはどうですか？
　どのような　　ビジネス　あなたの

るマヤン　　　バガイマナ　ドゥガン　アンダ
Lumayan, bagaimana dengan Anda?
まあまあです　　どのような　〜については　あなたの
まあまあですが、あなたのほうはどうですか？

198

フレーズ1 質問があるか確認する

アパカ　　　アダ　　　プルタニャアン
Apakah ada pertanyaan?
ご質問はございますか？

表現　apakah始まりの疑問文は、フォーマルな場です。反対に日常会話ならAda pertanyaan?「質問ありますか？」と文末上がり調子で言えば十分です。
pertanyaanの後に「ほかの」を意味する形容詞lainを付ければ「ほかの質問」pertanyaan lainになります。

単語　pendapat　意見／koméntar　コメント

フレーズ2 相手方の意見や考えをたずねる

バガイマナ　　　プンダパッ（ト）　ババッ（ク）　トゥンタン　　ハルガ
Bagaimana pendapat Bapak tentang harga?
価格についてはどのようにお考えでしょうか？

単語　kualitas　品質／kuantitas　数量／stok　在庫／indén　納期／syarat　条件／surat penawaran　見積書／proposal　企画書／contoh　見本、サンプル／kalkulasi　計算／bahan baku　原材料

表現　〈Bagaimana pendapat＋2人称代名詞 tentang ....?〉で「～についてあなたのご意見はどうですか？」と問う表現です。Bapakは男性に対する丁寧な「あなた」ですが、ほかにMas、女性ならIbu、Mbakがあります。ビジネス会議では、だれに対しても使えるAndaは使わないほうがいいでしょう。相手をどう呼ぶかは重要なことです。

フレーズ3 相手方の条件や提案を受け入れる

バイク　　カミ　　　ムヌリマ　　　タワラン　　カントル　イブ
Baik, kami menerima tawaran kantor Ibu.
かしこまりました、貴社のご提案を受け入れさせていただきます。

プラスα　断る場合や、棚上げにして時間稼ぎしたい場合は次のような表現が使えます。
［例］Maaf, kami tidak bisa menerima tawaran kantor Ibu.　申し訳ございません、貴社のご提案は見送らせていただきます。／Kami jawab setelah membahasnya di kantor dalam dua tiga hari ini.　2～3日中に社内で協議し、返答いたします。

フレーズ4 相手方上司へのあいさつ

トろん　　　サンパイカン　サらム　　カミ
Tolong sampaikan salam kami
クパダ　　ババッ（ク）　バスキ
kepada Bapak Basuki.

バスキさんへよろしくお伝えください。

表現　Tolong sampaikan salam kami kepada......は、「どうか私たちの（よろしく＝salam）を～さんに伝えてください」という丁寧な言い方です。

社内の会話で使えるフレーズ

社内での雰囲気は日本とことさら違うわけではありません。ただ、自分のデスク上に家族や子どもの写真を置くなどリラックスした感じです。

役員とスタッフの会話

ニナ ビサ ダタん ク ルアん サヤ
Nina, bisa datang ke ruang saya?
キタ ブルる ディスクシ
Kita perlu diskusi.

ニナ、私の部屋にこられるかな？
打ち合わせをする必要があるんだ。

バイク バッ（ク） ディレクトゥル
Baik, Pak Diréktur.

はい、取締役。

単純な命令文なら、Nina, datang ke ruang saya?「ニナ、私の部屋に来なさい」ですが、動詞datang「来る」の前に助動詞bisa「できる、可能である」を置くことで、「〜へ来ることはできますか？」と部下の状況に配慮した表現になっています。

バイク ナンティ ストゥら ミーティん ドゥガン クリエン
例 Baik, nanti setelah meeting dengan klién.
　　はい　　後で　　〜の後　　会議　　〜と　クライアント

はい、クライアントとの会議の後で（うかがいます）。

＊「うかがいます」にあたるインドネシア語はないため、会話の流れからの意訳になります。

フレーズ1 手助けを求めるとき（同僚→同僚）

ブ　ヤンティ　ビサ　ミンタ　トろん
Bu Yanti, bisa minta tolong?

ヤンティさん、手伝ってもらえますか？

プラスα 手伝いが必要かをたずねる表現は次の通りです。
[例] Ada yang bisa saya bantu?
私が手伝えることはありますか？

表現　minta tolong「助けを求める」の前に助動詞bisa「できる」がおかれ、「助けを求めることは可能でしょうか＝手伝ってもらえますか」になっています。〈bisa minta ＋名詞「〜をもらうことは可能でしょうか」〉という何かを求める丁寧な言い回しと似ています（→p.138）。

フレーズ2 部下を介し課長へ指示する（上司→部下）

ブリタウ　メネージュル　ウントゥッ（ク）　プレセンタシ　ジャム　サトゥ　シアん
Beritahu manajer untuk préséntasi jam 1 siang.

午後1時のプレゼンについて、課長に伝えてください。

単語　manajer「課長」は、外来語なので支配人やマネージャーとも訳せます。インドネシアでの役職名称は、中央政府、地方自治体、公企業、私企業などでさまざまですが、一般的名称として、kepala bagian「部長」、kepala sub bagian/kepala séksi「課長」があります。

フレーズ3 ベストを尽くすことを伝える（部下→上司）

サヤ　アカン　ブルウサハ　スバイク　ムんキン
Saya akan berusaha sebaik mungkin.

できる限り頑張ります。

表現　〈接辞se＋形容詞＋mungkin「可能な」〉で「可能な限り〜で」という表現になります。例文では形容詞baik「よい」を用いsebaik mungkin「可能な限りベストを尽くして」としています。baikの代わりにcepat「早い」を用いると、secepat mungkin「できる限り早く」と言えます。

フレーズ4 〜しないよう指示する（上司→部下）

カルナ　ミーティん　プンティん　ジャガン　トゥリマ　タム
Karena meeting penting, jangan terima tamu
スブるム　ジャム　ドゥア　シアん
sebelum jam 2 siang.

重要な会議なので、午後2時前は来客を受け付けないでください。

表現　〈jangan＋動詞〉の形で「〜するな」という禁止の命令形です。またsebelumは「〜以前、〜前」という意味の副詞で、その後に名詞だけでなく動詞もおいて使えます。
[例] Karena meeting penting, jangan terima tamu sebelum saya izinkan.
重要な会議なので、私が許可するまでは来客を受け付けないでください。

便利に使えるその他のフレーズ

「私、ぼく」を使ったフレーズ

Saya senang. 私は楽しいです。
サヤ スナン

Saya mahasiswi Jepang.
サヤ マハシスウィ ジュバン

私は日本人学生です。

＊「学生、大学生」は mahasiswa ですが、mahasiswi は女性だけに限定することばです。

Semalam aku tidur kira-kira delapan jam.
スマらム アク ティドゥル キラ キラ ドゥらパン ジャム

昨晩ぼくは約8時間寝たんだ。

＊ semalam 昨晩、昨夜

Kira-kira jam berapa saya harus jemput Saudara?
キラ キラ ジャム ブラバ サヤ ハルス ジュンプッ(ト) ソウダラ

（私は）何時頃あなたを迎えに行かないといけないの？

Aku ada tiga orang kakak laki-laki.
アク アダ ティガ オラン カカッ(ク) らキ らキ

あたしには3人の兄がいます。

＊兄と姉、両方を意味する kakak に名詞 laki-laki「男性」が付いて「男の kakak ＝兄」になります。

Aku lebih suka ikan laut. おれは海の魚のほうが好きです。
アク るビ スカ イカン らウトゥ

＊ lebih suka は「～のほうを（より）好む」という表現です。

「私」以外の人称を使ったフレーズ

Meréka bukan turis.
ムレカ ブカン トゥリス

彼女たちは観光客ではありません。

Kami tinggal di Tokyo.
カミ ティンガる ディ トウキョウ

僕たちは東京に住んでいます。

Jam berapa kami harus kumpul di sekolah?
ジャム ブラバ カミ ハルス クンプる ディ スコら

何時に、僕たちは学校に集まらないといけないんですか？

＊ jam berapa の代わりに kapan「いつ」（p.94-95）を使うことも可能です。

Anda sekalian berangkat ke Singapura.
アンダ スカリアン ブランカッ(ト) ク シンガプーラ

あなた方はシンガポールへ出発します。

Bapak Yusuf lihat meréka?

ユスフさんは彼らを見ているのですか？

Rumah ini rumah siapa?

この家はだれの家ですか？

Kapan Bapak dan Ibu beli celana ini?

いつあなた方はこのズボンを買ったんですか？

Orang Kanada itu datang dari mana hari ini?

そのカナダ人は、今日どこから来たんですか？

Lantas, teman-teman lain pergi ke mana?

それではほかの友人たちはどこへ行ったの？　　　　　＊lantas　それでは、では

Berapa bungkus rokok dia beli?

何個のたばこを彼は買いましたか？

　＊ここでの「〜個」は、bungkus です。助数詞（p.70-71）と巻末の「基本的な助数詞」（→ p.213）を参照
　　してください。

Jangan makan cokelat ya.　チョコレートを食べるんじゃないよ。

Baju kamu kerén banget!　きみの服、超かっこいいな！

　＊kerén と banget、どちらもジャワ語からインドネシア語に取り込まれた単語で、
　　日常会話で使われます。

Yang mana lebih kuat, tim A atau tim B?

ＡチームかＢチーム、どちらのほうが（より）強いですか？

Meréka yang menang di lomba.　彼らこそが競技会で勝ったんです。

　＊主語を強調したい場合、主語（meréka）と述語（menang di lomba）の間に yang をおきます。

Ayah saya beli motor baru.

私の父は新しいバイクを買った。

　＊この文の baru は形容詞「新しい」です。

Ayah saya beli motor yang baru.

私の父は新しいバイクを買った。

　＊ yang があると、ない場合に比べ
　　形容詞 baru が強調されます。

Ayah saya baru beli motor.

私の父は、たった今バイクを買ったところだ。

　＊この文の baru は、助動詞「〜したところだ」という意味です。

203

マサカン イニ ティダッ(ク) エナッ(ク)
Masakan ini tidak énak. この料理はおいしくありません。

イニ キラ キラ ティガ ブラス リブ ルピア
Ini kira-kira tiga belas ribu rupiah. これは約13,000ルピアです。

アンダ イギン ブサン アパ ウントゥッ(ク) マカナン ウタマ
Anda ingin pesan apa untuk makanan utama?

メインディッシュには何を注文しますか？

モホン ダタン トゥパッ(ト) ワクトゥ
Mohon datang tepat waktu.

時間通りにお越しください。

＊ tepat waktu 時刻通りに

マアフ スダ クニャん
Maaf, sudah kenyang.

すみません、もうおなかがいっぱいなんです。

ショッピングなどで使えるフレーズ

スブルマルケッ(ト) イトゥ るビ ラメイ ディバンディん トコ イニ
Supermarkét itu lebih ramai dibanding toko ini.

あのスーパーはこの店より賑わっています。

アダ プロモ
Ada promo?

お買い得（安売り）なのはありますか？

ブるム サヤ ブトゥスカン
Belum saya putuskan

まだ決めていません。

アンダ プニャ ロッ(ク) トゥルサン
Anda punya rok terusan?

ワンピースはありますか？

マアフ ディ シニ ティダッ(ク) アダ
Maaf, di sini tidak ada.

すみません、こちらにはございません。

交通機関などで使えるフレーズ

アダ ジャドワる ビス ダン クレタ
Ada jadwal bus dan keréta?

バスと電車の時刻表はありますか？

バス ビス ダタン スジャム ブラバ カリ
Bus datang sejam berapa kali? バスは、1時間に何回来ますか？

ブルイクッ(ト)ニャ スタシュン アバ
Berikutnya stasiun apa? 次は何駅ですか？

観光地などで使えるフレーズ

ブカ ジャム ブラバ
Buka jam berapa?

開館時間は何時ですか？

ビサ マスッ(ク) ドゥガン パカイアン イニ
Bisa masuk dengan pakaian ini?

この服装で入れますか？

イニ ボれ ディフォト
Ini boleh difoto?

これを写真に撮ってもいいですか？

カマル クチる ディ マナ
Kamar kecil di mana?

トイレはどこですか？

アダ カンティン
Ada kantin?

食堂はありますか？

コラム

飛び込みでもお祝いできる結婚披露宴

　インドネシアの結婚披露宴は、日本とは違い招待客が新郎新婦と直接面識のない招待客の親戚、友人、知人を連れてくるだろうと想定して出席者を多めに見積もります（250人〜1000人）。ご祝儀は品物を持ち込む形が普通でしたが、今では現金を封筒に収めて出す形が主流です。ただし、招待客についていった場合は必要ありません。

　会場は、地方では自宅ということもありますが、最近の都市部中間層は式場を借りる形が多いようです。食事は立食ビュッフェが普通です。

　招待客は受付で記帳し、ご祝儀箱に封筒を入れた後入場します。正面ひな壇に新郎新婦、その両側にそれぞれの両親の席が設けられ、招待客がお祝いを述べる度に立ち上がって対応します。ここで飛び込みの外国人が、友人として紹介されたりしますが、遠方からお祝いに駆けつけてくれたと喜ぶ新郎新婦や両親の姿は、おおらかというか、「日本と違うなぁ」と感じさせられます。

バガイマナ　カラウ　ミーティン　オンライン
Bagaimana kalau meeting online?

オンラインミーティングならどうですか？

ブロドッ(ク)　キタ　マハる　バガイマナ　ソるシニャ
Produk kita mahal, bagaimana solusinya?

我が社の製品は高いんだ、解決策はどうなっている？

ジュムら　カルヤワン　バりん　バニャッ(ク)　ディ　パブリッ(ク)　イニ
Jumlah karyawan paling banyak di pabrik ini.

職員数はこの工場でいちばん多いです。

グドゥん　イニ　ブるム　ビサ　ディレノファシ
Gedung ini belum bisa dirénovasi.　このビルはまだリフォームできない。

* dirénovasi　リフォームされる（受け身形の動詞）
* 上記の文は belum に、ほかの助動詞 bisa が重なった場合の例です。belum bisa で「まだできない」という表現が可能になります。

クナイカン　ハルガ　バらん　トゥルらるー　チュパッ(ト)
Kenaikan harga barang terlalu cepat.

物価の上昇が早すぎます。

* terlalu は「〜すぎる」という意味の副詞です。sekali/sangat/amat を超えるレベルで表現したいときに使えます。
* kenaikan　上昇（名詞）

マアフ　ベソッ(ク)　スダ　アダ　アチャラ　らイン
Maaf, bésok sudah ada acara lain.　すみません、明日はもう別の予定があるのです。

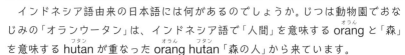

インドネシア語由来の日本語

　インドネシア語由来の日本語には何があるのでしょうか。じつは動物園でおなじみの「オランウータン」は、インドネシア語で「人間」を意味する orang（オラン）と「森」を意味する hutan（フタン）が重なった orang hutan（オランフタン）「森の人」から来ています。

　最近ではエスニック料理店を中心にインドネシア版チャーハン nasi goréng（ナシゴれン）「ナシゴレン」もずいぶんと知られるようになりましたが、これは「ごはん」を意味する nasi（ナシ）と「揚げる」を意味する goréng（ゴれン）が合わさったことばです。

　一方インドネシア語になった日本語は多彩です。例えば日本軍占領期（1942〜1945年）を通じて入ったことばとしては Romusha（ロームシャ）「労務者」や Samurai（サムライ）侍（インドネシアでは日本刀を指す）などがあります。

　そして戦後の国交回復（1958年）以降今日に至るまで日本の企業進出期を経て、テレビドラマや映画、アニメ、ゲーム、日本食ブームなど文化的接触を通じて入ってきたことばには、Bonsai（ボンサイ）「盆栽」、Ninja（ニンジャ）「忍者」、Manga（マンガ）「漫画」、Sumo（スモー）「相撲」、Judo（ジュードー）「柔道」、Sushi（スシ）「寿司」、Gyudon（ギュウドン）「牛丼」、Tsunami（ツナミ）「津波」などたくさんあります。

接頭辞 me- の付く動詞の変化一覧

接頭辞	最初の音 *( )は消える音	語根	派生語
me-	l, m, n, r, w, y	lihat 見る	melihat 見る
		masak （料理）をつくる	memasak 料理する、調理する
		nikah 結婚	menikah 結婚する
		nyanyi 歌う	menyanyi 歌う
		rokok たばこ	merokok 喫煙する
		wabah 流行、蔓延	mewabah （病気が）伝染する
mem-	b, f, (p), v	baca 読む	membaca 読む
		fitnah 中傷、誹謗	memfitnah 中傷する、誹謗する
		pakai 使う、着る	memakai 使用する、着用する
		produksi 生産、製造	memproduksi 生産する、製造する
		vonis 判決	memvonis 判決を下す、裁判する
men-	c, d, j, (t)	cuci 洗う	mencuci 洗濯する
		dengar 聞く	mendengar 聞く
		jual 売る	menjual 販売する
		tulis 書く	menulis 書く
meng-	a, i, u, e, o, g, h, (k)	ambil 取る、撮る	mengambil 取得する、撮影する
		isi 中味、内容	mengisi 記入する、注入する
		undang 招く	mengundang 招待する、招致する
		ejek からかう	mengejek あざける
		olah 加工する、処理する	mengolah 加工する、製造する
		gosok ブラシ、磨く	menggosok ブラシをかける
		hafal 覚える	menghafal 暗記する
		kecil 小さい	mengecil 縮小する
meny-	(s)	simpan しまう	menyimpan 保存する、保管する
menge-	一音節の語	cat ペンキ、塗料	mengecat 塗装する

　いろいろある動詞の中で、接頭辞 me- が特定の語根（動詞、形容詞、名詞、数詞）について派生される動詞があります。この動詞を本書では「me-動詞」と呼びますが、me-動詞および似たような形で派生されるほかの動詞を合わせると、動詞の大半を占めています。

　なぜlihatにはme-が付き、bacaにはmem-が付くのかは、付き方に規則があるからです。やや難しい点は、特定の語根に接辞が付くと最初の音が消えるということです。

　例えばtulis「書く」にはmen-が付きますが、その後tは消えてmenulis「書く」に派生されます。また、語根のときと派生語のときと意味に違いがない場合、日常会話では前者、文書やフォーマルな場合は後者を用いています。ですからビジネスでフォーマルな会話が必要な場合や文書を扱うときは、me-動詞からはじまり各種接辞の付く動詞、名詞を理解しなければなりません（→p.34）。しかし、本書の目的はこうした文法事項をマスターしてもらうことではなく、基礎的な文法に触れつつ日常会話で必要なフレーズを自然に身につけていくというものです。さらなる学習を求める方には文法解説を中心とするテキストを用いての学習をおすすめします。

過去・現在・未来に関するさまざまな表現

| 過去 | **tadi**
タディ
先ほど |

| タディ　マラム
tadi malam
昨晩 | タディ　ソレ
tadi soré
今日の夕方 | タディ　シアン
tadi siang
今日の昼 | タディ　パギ
tadi pagi
今朝 |

| クマリン　ドゥる
kemarin dulu
一昨日 | クマリン
kemarin
昨日 |

| ティガ　ハリ　やん　らる
tiga hari (yang) lalu
3日前 | ドゥア　ハリ　やん　らる
dua hari (yang) lalu
2日前 |

| ティガ　ミング　らる
tiga minggu lalu
3週間前 | ミング　らる
minggu lalu
先週 |

| ウンパッ(ト)　ブらン　やん　らる
empat bulan (yang) lalu
4か月前 | ブらン　らる
bulan lalu
先月 |

| リマ　タフン　やん　らる
lima tahun (yang) lalu
5年前 | タフン　らる
tahun lalu
昨年 |

現在

- sekarang「今、現在」：漠然とした現在を指す。
- tadi「さっき、先ほど」：漠然とした日付けを超えない程度までの近い過去を指す。あいさつで用いた pagi / siang / soré / malam を tadi の後に付けると過去のニュアンスをもつ「今朝」以下の言い方になる。
- nanti「後で、後ほど」：漠然とした日付けを超えない程度までの近い未来を指す。あいさつで用いた siang / soré / malam を nanti の後に付けると未来のニュアンスをもつ「今日の昼」以下の言い方になる。なお tadi と nanti は時間的に現在だがその中で過去と未来の意味をもつ。

過去

- dulu「以前、昔」：dulu の位置は文頭か主語の後。なぜなら dulu には「まず、先に」という意味があり、その場合動詞の後に添えるため。
  [例] Dulu saya bekerja. 以前私は働いていた。 ／ Saya bekerja dulu. 私はまず働きます。
- 〈数字＋hari＋lalu〉：過去を指す lalu の前に〈数字＋hari〉をおくと「何日前の」という意味になる。

208

- 〈数字＋ minggu ＋ lalu〉：過去を指す lalu の前に〈数字＋ minggu〉をおくと「何週間前の」という意味になる。
- 〈数字＋ bulan lalu〉：過去を指す lalu の前に〈数字＋ bulan〉をおくと「何か月前の」という意味になる。
- 〈数字＋ tahun lalu〉：過去を指す lalu の前に〈数字＋ tahun〉をおくと「何年前の」という意味になる。

未来

- 〈数字＋ hari ＋ kemudian〉：未来を指す kemudian の前に〈数字＋ hari〉をおくと「何日後の」という意味になる。
- 〈数字＋ minggu ＋ kemudian〉：未来を指す kemudian の前に〈数字＋ minggu〉をおくと「何週間後の」という意味になる。
- 〈数字＋ bulan ＋ kemudian〉：未来を指す kemudian の前に〈数字＋ bulan〉をおくと「何か月後の」という意味になる。
- 〈数字＋ tahun ＋ kemudian〉：未来を指す kemudian の前に〈数字＋ tahun〉をおくと「何年後の」という意味になる。

よく使う形容詞

マハる **mahal** 高価な	ムラ **murah** 安い	クルス **kurus** やせた	グムッ(ク) **gemuk** 太った	スディ **sedih** 悲しい	スナン **senang** 楽しい
ティンギ **tinggi** 高い	ルンダ **rendah** 低い	トゥア **tua** 老いた	ムダ **muda** 若い	スカ **suka** 好き	ブンチ **benci** 嫌い
パンジャん **panjang** 長い	ペンデッ(ク) **péndék** 短い	セハッ(ト) **séhat** 元気な	サキッ(ト) **sakit** 痛い	カヤ **kaya** 裕福な	ミスキン **miskin** 貧乏な
るアス **luas** 広い	スンピッ(ト) **sempit** 狭い	らパル **lapar** 空腹の	クニャん **kenyang** 満腹な	メワ **méwah** 贅沢な	スドゥルハナ **sederhana** 質素な
バニャッ(ク) **banyak** 多い	スディキッ(ト) **sedikit** 少ない	ピンタル **pintar** 利口な	ボド **bodoh** ばかな	ヘマッ(ト) **hémat** 節約の	ボロス **boros** むだ遣い
チュパッ(ト) **cepat** 早い	らンバッ(ト) **lambat** 遅い	ラジン **rajin** 熱心な	マらス **malas** 怠惰な	ソンボン **sombong** 偉そうな	ルンダ　ハティ **rendah hati** 謙虚な
シブッ(ク) **sibuk** 忙しい	サンタイ **santai** のんびりした	トゥバる **tebal** 厚い	ティピス **tipis** 薄い	ジュジュル **jujur** 正直な	ボホん **bohong** 嘘をいう
らマ **lama** 古い	バル **baru** 新しい	パナス **panas** 暑い	ディギン **dingin** 寒い、冷たい	タクッ(ト) **takut** 恐い	ブラニ **berani** 勇敢な
ブルシ **bersih** 清潔な	コトル **kotor** 汚い	ハンガッ(ト) **hangat** 暖かい	スジュッ(ク) **sejuk** 涼しい	サバる **sabar** 我慢	マラ **marah** 怒る
チャンティッ(ク) **cantik** きれいな	タンパン **tampan** ハンサムな	リンガン **ringan** 軽い	ブラッ(ト) **berat** 重い	クラス **keras** 堅い	ウンプッ(ク) **empuk** 柔らかい
バグス **bagus** 素晴らしい	ジュれッ(ク) **jelék** 醜い	ジャウ **jauh** 遠い	ドゥカッ(ト) **dekat** 近い	クンタる **kental** （液体の）濃い	エンチェル **éncér** （液体の）薄い
バイク **baik** よい	ブルッ(ク) **buruk** 悪い	クアッ(ト) **kuat** 強い	るマ **lemah** 弱い	ダらム **dalam** 深い	ダンカる **dangkal** 浅い
ラマイ **ramai** にぎやかな	スピ **sepi** 静かな	ムンドゥん **mendung** 曇る	チュラ **cerah** 晴れる	タジャム **tajam** 鋭い	トゥンブる **tumpul** 切れない
ブヌ **penuh** いっぱいの	コソん **kosong** からの	トゥらン **terang** 明るい	グらッ(プ) **gelap** 暗い	パヒッ(ト) **pahit** 苦い	マニス **manis** 甘い
スサ **susah** 難しい	ムダ **mudah** 簡単な	ハるム **harum** 香りがよい	バウ **bau** 臭い	ロンガル **longgar** ゆるい	クタッ(ト) **ketat** きつい
エナッ(ク) **énak** おいしい		らマ **ramah** 親切な		ソパン **sopan** 礼儀正しい	
ハウス **haus** のどが渇いた		マンジャ **manja** 甘えた		トゥルクナる **terkenal** 有名な	
グンビラ **gembira** うれしい		ガらッ(ク) **galak** 粗暴な		イリ **iri** うらやましい	
アサム **asam** 酸っぱい		ブリッ(ト) **pelit** けちな		リチッ(ク) **licik** ずるい	
アシン **asin** 塩辛い		ラクス **rakus** 大食いの		ナカる **nakal** いたずらな	

クパダ **kepada**	〜に（人／組織に対し）	クパダ　ムレカ ....kepada meréka　彼らに
パダ **pada**	〜に（時を表す語の前に）	パダ　ジャム　リマ ....pada jam 5.00　5時に
ウントゥッ(ク) **untuk**	〜のために	ウントゥッ(ク)　キリム ....untuk kirim　送るために ウントゥッ(ク)　ストゥディ ....untuk studi　研究のために
	untukの後には動詞だけでなく名詞もおくことができます。	
バギ **bagi**	〜にとって	バギ　キタ ....bagi kita　私たちにとって
スプルティ **seperti**	〜のように	スプルティ　トゥマン　サヤ ....seperti teman saya 　　私の友人のように
スバガイ **sebagai**	〜として	スバガイ　マハシスウイ ....sebagai mahasiswi 　　女子学生として
タンパ **tanpa**	〜なしで	タンパ　パジャッ(ク) ....tanpa pajak　税金なしで
クチュアリ **kecuali**	〜を除いて	クチュアリ　ハリ　ミングー ....kecuali hari Minggu 　　日曜日を除いて
トゥンタン **tentang**	〜について	トゥンタン　マサら　イニ ....tentang masalah ini 　　この問題について
サンパイ **sampai**	〜まで	サンパイ　ジャム　ドゥア sampai jam 2.00　2時まで
	sampaiには動詞「〜に着く」という意味もあります。	
スジャッ(ク) **sejak**	〜以来	スジャッ(ク)　ブらン　メイ sejak bulan Méi　5月以降
スらマ **selama**	〜の間	スらマ　ムシム　ディギン ....selama musim dingin　冬の間
ムらるイ **melalui**	〜を通じて	ムらるイ　カントル ....melalui kantor　会社を通じて
ムヌルッ(ト) **menurut**	〜によると	ムヌルッ(ト)　ディア Menurut dia....　彼女によると

211

基本的な数字（0〜2桁）

0	nol / kosong (ノル / コソン)	13	tiga belas (ティガ ブラス)
1	satu (サトゥ)	14	empat belas (ウンパッ(ト) ブラス)
2	dua (ドゥア)	15	lima belas (リマ ブラス)
3	tiga (ティガ)	16	enam belas (ウンナム ブラス)
4	empat (ウンパッ(ト))	17	tujuh belas (トゥジュ ブラス)
5	lima (リマ)	18	delapan belas (ドゥらパン ブラス)
6	enam (ウンナム)	19	sembilan belas (スンビらン ブラス)
7	tujuh (トゥジュ)	20	dua puluh (ドゥア ぷる)
8	delapan (ドゥらパン)	21	dua puluh satu (ドゥア ぷる サトゥ)
9	sembilan (スンビらン)	30	tiga puluh (ティガ ぷる)
10	sepuluh (スぷる)	56	lima puluh enam (リマ ぷる ウンナム)
11	sebelas (スブらス)	72	tujuh puluh dua (トゥジュ ぷる ドゥア)
12	dua belas (ドゥア ブらス)	99	sembilan puluh sembilan (スンビらン ぷる スンビらン)

ここがポイント**1**

satu だけが接辞 se に変わり「何十」を意味する puluh について sepuluh になります。それ以外の数字は、20のように2「dua」がスペースをおいて puluh の前に付き dua puluh です。逆に10を文字化する際 satu puluh（サトゥ ぷる）はありません。

ここがポイント**2**

11〜19では belas ということばが1〜9「satu 〜 sembilan」の後に付くことです。英語の13〜19の teen に似ています。ただし11のみ satu belas と言わず sebelas になります。

ここがポイント**3**

21から先の数字は、例えば dua puluh「20」の後に satu「1」をおけば dua puluh satu「21」になります。つまり数字の並べ方は11〜19を別にして全体として日本語と同じです。ただしこの並べ方は4桁「1000のレベル」数字までです。

基本的な助数詞

orang オラん	〜人	Sembilan orang dokter　9人の医師
ékor エコル	〜匹、羽、頭	Sepuluh ékor kucing　10匹の猫
buah ブア	〜個、冊、台、輌、 機、隻、艘、脚、 軒、棟	Lima buah mobil　5台の車 ＊物の大小、形状に無関係に使用
lembar るンバル	〜枚	Lima lembar foto　5枚の写真 ＊薄くてひらひらしたもの
butir ブティル	〜粒	Dua butir telur.　2個の卵 ＊小さくてまるいもの
batang バたん	〜本	Enam batang rokok　6本のたばこ ＊細長いもの
botol ボトる	〜本	Delapan botol bir　8本のビール ＊ボトル状のもの
cangkir チャんキル	〜杯	Tiga cangkir kopi　3杯のコーヒー ＊コーヒーカップ等
gelas グらス	〜杯	Satu gelas/Segelas jus 1杯のジュース ＊ガラスのコップ
kaléng かれん	〜本、缶	Sepuluh kaléng bir　10缶のビール ＊缶状のもの
pasang パさん	〜組、足	Dua pasang sepatu　2足の靴 ＊2つで1つと数えるもの
bungkus ブんクス	〜包み、パック	Dua bungkus kué　2パックの菓子
karung カルん	〜袋	Sebelas karung gula　11袋の砂糖
keranjang クランジャん	〜籠	Empat keranjang bunga　4籠の花
ikat イカッ(ト)	〜束	Tujuh ikat bayam　7束のほうれん草
piring ピリん	〜皿	Lima belas piring nasi putih 15皿のごはん

基本的な数字（3〜5桁）

100	スラトゥス **seratus**
101	スラトゥス　サトゥ **seratus satu**
115	スラトゥス　　リマ　　ブラス **seratus lima belas**
724	トゥジュ　ラトゥス　ドゥア　ブる　ウンパッ(ト) **tujuh ratus dua puluh empat**
1.000	スリブ **seribu**
3.911	ティガ　リブ　スンビらン　ラトゥス　スブらス **tiga ribu sembilan ratus sebelas**
8.020	ドゥらパン　リブ　ドゥア　ブる **delapan ribu dua puluh**
11.300	スブらス　リブ　ティガ　ラトゥス **sebelas ribu tiga ratus**
43.005	ウンパッ(ト)　ブる　ティガ　リブ　リマ **empat puluh tiga ribu lima**
98.200	スンビらン　ブる　ドゥらパン　リブ　ドゥア　ラトゥス **sembilan puluh delapan ribu dua ratus**

ここがポイント**1**

　3桁、4桁の数字の並べ方は2桁までと同じですが、satu だけは接辞 se に変化し、〜百を意味する ratus や、〜千を意味する ribu に付いて、seratus「100」、seribu「1.000」となります。satu puluh がないように satu ratus「100」、satu ribu「1.000」はありません。

ここがポイント**2**

　5桁の数字から並べ方が変わります。10,000の場合、sepuluh「10」を ribu「〜千」の前におき sepuluh ribu にします。英語の ten thousand に似ています。同様に15,000なら、lima belas「15」を ribu の前におき lima belas ribu になります。千未満の小さい数字を加える場合は、そのまま入れます。

ここがポイント**3**

　インドネシア語と日本語、ともに3桁ごとに位取りをしますが、インドネシア語がピリオド(.)であるのに対し、日本語ではコンマ(,)というように異なっています。インドネシア語でコンマを意味する koma は小数点以下につきます。
　[例] 日本語：0.53　インドネシア語：0,53 [ノる　コマ　リマ　ティガ
nol koma lima tiga]

序数詞（ke＋数字）

1	kesatu/pertama クサトゥ　プルタマ	第1の、1番目の
2	kedua クドゥア	第2の、2番目の
3	ketiga クティガ	第3の、3番目の
4	keempat クウンパッ(ト)	第4の、4番目の
5	kelima クリマ	第5の、5番目の
6	keenam クウンナム	第6の、6番目の
7	ketujuh クトゥジュ	第7の、7番目の
8	kedelapan クドゥらパン	第8の、8番目の
9	kesembilan クスンビらン	第9の、9番目の
10	kesepuluh クスプる	第10の、10番目の

ここがポイント1

「第1の、1番目の」のみ kesatu とは別に pertama という言い方があります。「初めての」というニュアンスをもつ pertama のほうがよく使われています。

ここがポイント2

インドネシア語の修飾関係は日本語と逆転しているので、名詞と序数詞がある場合、〈名詞＋序数詞〉の語順で表します。例えば、「最初の家」なら〈rumah「家」＋pertama「最初の」〉で rumah pertama になります。
ルマ　　　　　　プルタマ

ミニテスト

下記の数字をインドネシア語に直しましょう。

① 67.495

② 13.011

解答 ①Enam puluh tujuh ribu empat ratus sembilan puluh lima.　② Tiga belas ribu sebelas

曜日と月を表す単語

曜日			
ハリ ミング **hari Minggu**	日曜日	ハリ カミス **hari Kamis**	木曜日
ハリ スニン **hari Senin**	月曜日	ハリ ジュマッ(ト) **hari Jumat**	金曜日
ハリ スらサ **hari Selasa**	火曜日	ハリ サッ(ブ)トゥ **hari Sabtu**	土曜日
ハリ ラブ **hari Rabu**	水曜日	＊日常会話では hari がよく省略されます。	

月			
ブらン ジャヌアリ **bulan Januari**	1月	ブらン ジュリ **bulan Juli**	7月
ブらン フェブルアリ **bulan Fébruari**	2月	ブらン アグストゥス **bulan Agustus**	8月
ブらン マルッ(ト) **bulan Maret**	3月	ブらン セプテンブル **bulan Séptémber**	9月
ブらン アプリる **bulan April**	4月	ブらン オクトブル **bulan Oktober**	10月
ブらン メイ **bulan Méi**	5月	ブらン ノフェンブル **bulan Novémber**	11月
ブらン ジュニ **bulan Juni**	6月	ブらン デセンブル **bulan Désémber**	12月

＊日常会話では bulan がよく省略されます。

＊「～月」という表現として「bulan ＋数字」、例えば bulan tiga「3月」もよく使われますが、フォーマルではありません。

年号の読み方

　年号の2011年（tahun 2011）の数字部分は、日本語と同じように dua ribu sebelas となります。しかし、インフォーマルな読み方として、最初の2桁と後の2桁を区別して読む言い方もあります。

　例えば、1993年なら19と93を分けて読みます。

タフン スンビらン ブらス スンビらン ぷる ティガ
［例］tahun 1993 = tahun sembilan belas sembilan puluh tiga

気象現象を表す単語

cuaca チュアチャ	天候、天気	**cerah** チュラ	晴れ
mendung ムンドゥン	曇り	**hujan** フジャン	雨
gerimis グリミス	小雨	**hujan deras** フジャン　ドゥラス	土砂降り
angin アンギン	風	**badai** バダイ	台風
banjir バンジル	洪水	**gempa** グンパ	地震
longsor ろンソル	土砂崩れ	**angin puting** アンギン　　プティん **beliung** ブリウん	竜巻

ジャカルタの渋滞

　首都ジャカルタの総人口は約1千万人（2020年）、周辺都市を加えた通勤圏は3千万人程度です。交通渋滞や大気汚染のような都市問題は世界共通ですが、ジャカルタはじめ、スラバヤ、バンドンなどインドネシアの大都市においては、経済発展と都市部人口増加がある一方、自動車に変わる公共交通機関が未整備な面に問題があります。

　問題解決に向け首都では、首都圏内の高速道路、鉄道網、「トランスジャカルタ」（Trans Jakarta）と呼ばれる専用バスレーン設置、高速バス網（2004年～）の拡充、そして2016年以降、自家用車ナンバープレート末尾の数字が「偶数・奇数（Ganjil-Genap）」かで、平日朝夕のラッシュ時間帯に都心の指定区域を走行可能な曜日を指定する形の交通規制などを始めました。これらと並行し一部高架の地下鉄（ＭＲＴ：Moda Raya Terpadu）、軽量高架鉄道（ＬＲＴ：Lintas Rél Terpadu）など計画中の一部路線が2019年以降順次開通されています。

　公表されている統計資料によると、macét「渋滞」や大気汚染の状態はある程度改善されたようですが、インドネシアを訪れた著者の実感（2019年11月）では、平日昼間の都心、空港と都心間の渋滞は相変わらずです。

　状況が大きく改善するのは、鉄道を中心とする代替交通機関がすべて開通し、これら新設の交通機関とバスを含む既設の交通機関との連携が確実となり、通勤客が安心して乗り換えられるようになってからでしょう。しかし、それにはまだまだ時間がかかるようです。

217

主な職業を表す単語

ドクトゥル **dokter**	医師	ドクトゥル　ギギ **dokter gigi**	歯科医師
プラワッ(ト) **perawat**	看護師	レクトル **réktor**	学長
グル　ブサル **guru besar**	教授	ドセン **dosén**	講師
クバら　スコら **kepala sekolah**	(小中高の)校長	グル **guru**	教師
ピろッ(ト) **pilot**	パイロット	アワッ(ク)　カビン **awak kabin**	CA
プらウトゥ **pelaut**	船員	スピル　タクシ **supir taksi**	タクシー運転手
アフリ　テッ(ク)ニッ(ク) **ahli téknik**	技術者	ディレクトゥル　ウタマ **diréktur utama**	社長
プガワイ　ヌグリ **pegawai negeri**	公務員	セクルタリス **sékretaris**	秘書
プガワイ　カントル **pegawai kantor**	会社員	プらヤン　トコ **pelayan toko**	店員
プガチャラ **pengacara**	弁護士	コキ **koki**	コック
プタニ **petani**	農家	ヌらヤン **nelayan**	漁師
プヌルジュマ **penerjemah**	通訳者・翻訳者	プニャニ **penyanyi**	歌手
プナリ **penari**	舞踊家	アルティス **artis**	芸能人
プニアル **penyiar**	アナウンサー	ジュルナリス **jurnalis**	ジャーナリスト
プゴルフ **pegolf**	ゴルファー	プンブリ **pembeli**	バイヤー
ポリティシ **politisi**	政治家	アクンタン **akutan**	会計士
アクンタン　パジャッ(ク) **akutan pajak**	税理士	トゥカン　カユ **tukang kayu**	大工
プガワイ　バンク **pegawai bank**	銀行員	ノタリス **notaris**	司法書士
グル　テーカー **guru TK**	幼稚園教諭	ポリシ **polisi**	警察官
プマダム　クバカラン **pemadam kebakaran**	消防士	プログラマ **programmer**	プログラマー
アポテクル **apotéker**	薬剤師	プナタ　ランブッ(ト) **penata rambut**	美容師
プヌリス **penulis**	作家	デサイヌル **désainer**	デザイナー

スポーツに関する単語

オラ ラガ **Olahraga**	スポーツ	**ルナン** **Renang**	水泳
ダイフィン **Diving**	ダイビング	**カノ** **Kano**	カヌー
サーフィン　スランチャル **Surfing/Selancar**	サーフィン	**パナハン** **Panahan**	アーチェリー
らり　ジャラッ(ク)　ジャウ **Lari jarak jauh**	長距離走	**らり　エスタフェッ(ト)** **Lari éstafét**	リレー走
らり　ジャラッ(ク)　ペンデッ(ク) **Lari jarak péndék** **らり　チュパッ(ト)** **/Lari Cepat**	短距離走	**らり　マラトン** **Lari Maraton**	マラソン
ムネンバッ(ク) **Menémbak**	射撃	**ぶる　タンキス** **Bulu tangkis/** **バドミントン** **Badminton**	バドミントン
ぼら　バスケッ(ト)　バスケッ(ト) **Bola baskét/Baskét**	バスケットボール	**ビリアル** **Biliar**	ビリヤード
ティンジュ **Tinju**	ボクシング	**クリケッ(ト)** **Krikét**	クリケット
ビスボーる **Bisbol**	野球	**セパッ(ク)　ぼら** **Sépak bola**	サッカー
ぼら　フォリ　フォリ **Bola voli/Voli**	バレーボール	**スナム** **Senam**	体操
ぼら　タガン **Bola tangan**	ハンドボール	**ブルクダ** **Berkuda**	乗馬
テニス **Ténis**	テニス	**テニス　メジャ** **Ténis méja**	卓球
ムンダキ　グヌん **Mendaki gunung**	登山	**ごるフ** **Golf**	ゴルフ
ジュードー **Judo**	柔道	**ブルスペダ** **Bersepéda**	自転車
プンチャッ(ク)　シラッ(ト) **Pencak silat**	プンチャック・シラット（インドネシア由来の伝統的護身術）	**ホキ** **Hoki**	ホッケー
ホキ　エス **Hoki és**	アイスホッケー	**スカッ(ト)** **Skate**	スケート
スカッ(ト)ボルド **Skateboard**	スケートボード	**スキ** **Ski**	スキー
ルグビ **Rugby**	ラグビー	**レスりん** **Wréstling**	レスリング
セパッ(ク)　タクラウ **Sépak takraw**	セパタクロー	**あんカッ(ト)　ブシ** **Angkat besi**	重量挙げ
ヨガ **Yoga**	ヨガ	**カラテ** **Karaté**	空手

アスれティッ(ク) **Atlétik**	陸上	**ブルタンディガン　ぼら** **Pertandingan bola**	球技
オリンピアドゥ **Olimpiade**	オリンピック	**パラリンピアドゥ** **Paralimpiade**	パラリンピック
ブルタンディガン **Pertandingan**	試合	**ブルタンディガン　フィナる** **Pertandingan final**	決勝戦

食べ物を表す単語

makanan Jepang	日本料理＝日本食	ナシ **nasi**	ごはん
ロティ **roti**	パン	ダギン **daging**	肉
イカン **ikan**	魚	ダギン　サピ **daging sapi**	牛肉
ダギン　アヤム **daging ayam**	鶏肉	ダギン　バビ **daging babi**	豚肉
クピティん **kepiting**	カニ	ウダん **udang**	エビ
トゥるル　ダダル **telur dadar** オムれッ(ト) **/omelét**	オムレツ	ジュス　ブア **jus buah**	フルーツジュース
トゥるル　ルブス **telur rebus**	ゆで卵	トゥるル　ストゥンガ **telur setengah** マタん **matang**	半熟卵
マカン　パギ **makan pagi**	朝食	トゥるル　アシン **telur asin**	アヒル卵の塩漬け
マカン　シアん **makan siang**	昼食	マカン　マらム **makan malam**	夕食
マカナン　ウタマ **makanan utama**	メインディッシュ	マカナン **makanan** プンダンピん **pendamping**	サイドディッシュ
マカナン **makanan** プヌトゥッ(プ) **penutup**	デザート	ミヌマン **minuman**	飲み物
あるコホる **alkohol**	酒類	チャバイ **cabai**	唐辛子
アチャル **acar**	酢漬け	サンバる **sambal**	チリソース
ケジュ **kéju**	チーズ	バソ **bakso**	肉団子
テコ **téko**	ティーポット	スス **susu**	ミルク

ふろく

食べ物を表す単語／空港や駅で見かけることば

空港や駅で見かけることば

空港で見かけることば			
Papan Informasi（パパン インフォルマシ） **Penerbangan**（ブヌルバガン）	フライト案内表示版	**Nomor Penerbangan**（ノモル ブヌルバガン）	便名
Maskapai Penerbangan（マスカパイ ブヌルバガン）	航空会社	**Kedatangan/**（クダタガン） **Keberangkatan**（クブランカタン）	到着／出発
Asal/Tujuan（アサール トゥジュアン）	出発地／目的地	**Masuk Pesawat**（マスッ(ク) ブサワッ(ト)）	搭乗
Nomor Pintu（ノモル ピントゥ） **Keberangkatan**（クブランカタン）	搭乗ゲート番号	**Pintu**（ピントゥ） **Keberangkatan**（クブランカタン）	搭乗ゲート
Delay（ディれイ）	遅延	**Tepat Waktu**（トゥパッ(ト) ワクトゥ）	定刻
Pelaporan（ブらポラン） **Doméstik/Internasional**（ドメスティッ(ク) イントゥルナシオナる）	国内線/国際線チェックイン	**Ruang Tunggu**（ルアン トゥング） **Éksékutif**（エクセクティフ）	エグゼクティブ・ラウンジ
駅で見かけることば			
Stasiun（スタシュン）	駅	**Lokét**（ろケッ(ト)）	窓口
Pemesanan/Booking（ブムサナン ブッキン）	予約	**Pembatalan**（ブンバタらン）	キャンセル
Éksékutif（エクセクティフ）	1等席	**Bisnis**（ビスニス）	2等席
Ékonomi（エコノミ）	3等席	**Pintu Keluar Masuk**（ピントゥ クるアル マスッ(ク)）	出入口
Gerbong（グルボン）	客車		

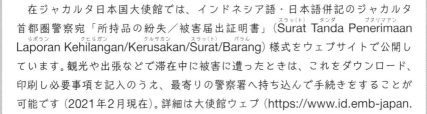

被害届出証明書の様式は WEB で公開

　在ジャカルタ日本国大使館では、インドネシア語・日本語併記のジャカルタ首都圏警察宛「所持品の紛失／被害届出証明書」(Surat Tanda Penerimaan（スラッ(ト) タンダ ブヌリマアン） Laporan Kehilangan/Kerusakan/Surat/Barang（らポラン クヒらガン クルサカン スラッ(ト) バらン）) 様式をウェブサイトで公開しています。観光や出張などで滞在中に被害に遭ったときは、これをダウンロード、印刷し必要事項を記入のうえ、最寄りの警察署へ持ち込んで手続きをすることが可能です（2021年2月現在）。詳細は大使館ウェブ（https://www.id.emb-japan.go.jp/visaj_01.html）を参照してください。

体の部位を表す単語

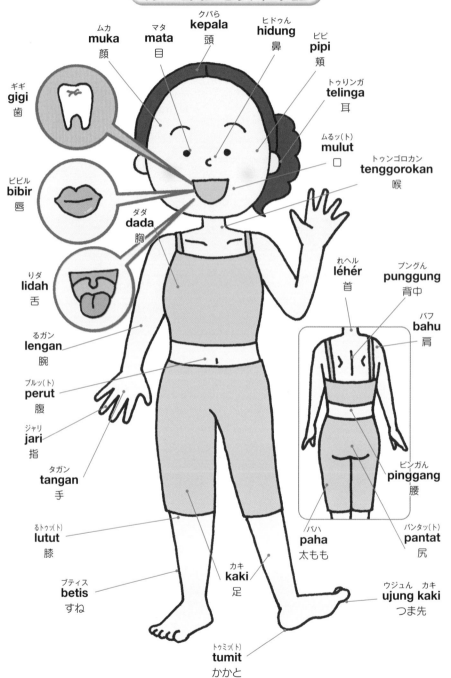

ギギ
gigi
歯

ムカ
muka
顔

マタ
mata
目

クバら
kepala
頭

ヒドゥん
hidung
鼻

ピピ
pipi
頬

トゥリンガ
telinga
耳

ビビル
bibir
唇

ムるッ（ト）
mulut
口

トゥンゴロカン
tenggorokan
喉

ダダ
dada
胸

りダ
lidah
舌

るヘル
léhér
首

ブングん
punggung
背中

バフ
bahu
肩

るガン
lengan
腕

ブルッ（ト）
perut
腹

ジャリ
jari
指

タガン
tangan
手

ピンガン
pinggang
腰

るトゥッ（ト）
lutut
膝

ブティス
betis
すね

カキ
kaki
足

パハ
paha
太もも

パンタッ（ト）
pantat
尻

ウジュん カキ
ujung kaki
つま先

トゥミッ（ト）
tumit
かかと

222

コラム

インドネシア人と約束の時間

　日本人は、約束の時間前に来るなど比較的時間に正確です。インドネシア人の場合は日本人と比べると正確とは言えません。

　インドネシア語には jam karét ということばがあります。jam は時間、karét はゴムを意味し、合わせて「ゴム時間」。つまりゴムのように伸びたり縮んだり伸縮自在な時間を指します。ですから約束通りの時間に指定場所に来ても、そこにはだれもいなくて、30分以上待たされることも珍しくありません。驚くことにインドネシア人の間では、このような状況についてほとんど怒ることなく談笑していることです。時間については大まかですが、本質的に優しい国民性だと感じます。しかし、仕事や公の行事でもよくあり、こうなると時間に正確な日本人の場合、まるで忍耐力を試されているような事態に陥ります。

　例えば飛行機の発着時刻では、時間通りに飛ばない delay「遅延（元は英語）」はよくあります。また、滅多にないことですが、出発時刻より1時間早く飛行機が飛んでしまうことも一度ありました。ですからインドネシアに行く場合は、気持ちの面でも余裕をもつことが重要です。

　プライベートな付き合いではインドネシア人に対し常に kira-kira「約、おおよそ」だと考え、自分のほうも少し遅れてくる程度で行動するとちょうどよいでしょう。とはいえ携帯電話の普及に加え、MRT（ジャカルタの地下鉄）など時刻表通りに運行する各種交通機関の整備が都市部では進み、インドネシア人の時間感覚も変わりつつあります。これは、新興国として発展を続けるインドネシアの歩みそのものを表しているようです。

●著者

欧米・アジア語学センター　http://www.fij.tokyo
1994年設立。30か国語（1200人）のネイティブ講師を擁し、語学教育を展開。独自のメソッドによる「使える外国語」の短期修得プログラムを提供している。そのほかに、企業向け外国語講師や通訳の派遣、留学相談、通信教育も行っている。米国、ベトナムに提携校、韓国に姉妹校あり。
著書に『はじめてのベトナム語』『はじめてのインドネシア語』（欧米・アジア語学センター刊）、『中国語会話すぐに使える短いフレーズ』（高橋書店）などがある。

深尾康夫（ふかお　やすお）
千葉県生まれ、東京在住。ナショナル大学政治社会学部（ジャカルタ）卒、亜細亜大学大学院経済学研究科修．士課程修了。コンサルタント会社勤務を経て、現在、亜細亜大学、日本大学、静岡文化芸術大学、創価大学、欧米・アジア語学センター、ディラ国際語学アカデミーほか、インドネシア語非常勤講師のかたわら、裁判所、検察庁の司法通訳人を務める。1983 〜 1994年インドネシア在住、1999 〜 2004年インドネシア、東ティモールで日本政府選挙監視要員を4回務める。著書に『決定版！インドネシア語入門〜初級』（共著、アルク、1999年）、『ゼロからスタート！仕事で使えるインドネシア語テキスト1, 2, 3』（DHC、2014年）、『ビジネス／生活で使えるインドネシア語ダイアローグ』（共著、三修社、2016年）などがある。

DYAH HAPSARI（ディアー・ハフサリ）
インドネシア共和国東ジャワ州生まれ。国立インドネシア教育大学言語芸術学部日本語教育学科（バンドン）、国際ことば学院各卒。在インドネシア米国系企業勤務、日系企業インドネシア語講師などを経て、現在日本大学、亜細亜大学他インドネシア語非常勤講師のかたわら、インドネシア語/英語通訳者、翻訳者を務める。2000 〜 2002年（静岡）、2004年以降東京在住。著書に『ビジネス／生活で使えるインドネシア語ダイアローグ』（共著、三修社、2016年）。

本書に関するお問い合わせは、書名・発行日・該当ページを明記の上、下記のいずれかの方法にてお送りください。電話でのお問い合わせはお受けしておりません。
・ナツメ社webサイトの問い合わせフォーム
　https://www.natsume.co.jp/contact
・FAX（03-3291-1305）
・郵送（下記、ナツメ出版企画株式会社宛て）
なお、回答までに日にちをいただく場合があります。正誤のお問い合わせ以外の書籍内容に関する解説・個別の相談は行っておりません。あらかじめご了承ください。

CD付き　オールカラー
基礎からレッスン
はじめてのインドネシア語

2021年6月7日　初版発行
2024年2月20日　第3刷発行

著　者	欧米・アジア語学センター	©Euro-America Asia Language Center of Japan, 2021
	深尾康夫	©Fukao Yasuo, 2021
	ディアー・ハフサリ	©Dyah Hapsari, 2021
発行者	田村正隆	
発行所	株式会社ナツメ社	
	東京都千代田区神田神保町 1-52	ナツメ社ビル 1F（〒 101-0051）
	電話　03（3291）1257（代表）	FAX　03（3291）5761
	振替　00130-1-58661	
制　作	ナツメ出版企画株式会社	
	東京都千代田区神田神保町 1-52	ナツメ社ビル 3F（〒 101-0051）
	電話　03（3295）3921（代表）	
印刷所	ラン印刷社	

ISBN978 - 4 - 8163 -7014 - 4　　　　　　　　　　　　　　　　　　Printed in Japan
〈定価はカバーに表示してあります〉〈落丁・乱丁本はお取り替えします〉

ナツメ社Webサイト
https://www.natsume.co.jp
書籍の最新情報（正誤情報を含む）はナツメ社Webサイトをご覧ください。